MINI GUIDE HACHETTE

Chiens

Katharina SCHLEGL-KOFLER • Photographies de Christine STEIMER

hachette
NATURE

une petite photo

MON CHIEN S'APPELLE

Informations concernant mon chien

Date de naissance : .... Sexe : ....

Race : ....

N° tatouage / puce : ....

Mes coordonnées

Nom : ....

Adresse : ....

Code postal : .... Ville : ....

N° de téléphone : .... E-mail : ....

Coordonnées de l'éleveur ou de l'animalerie

Nom : ....

Adresse : ....

Code postal : .... Ville : ....

N° de téléphone : .... E-mail : ....

Site Internet : ....

La race de mon chien

Nom de la race : .... Origines : ....

Caractéristiques de la race : ....

....

Taille prévue à l'âge adulte : .... Poids : ....

Je l'ai choisi parce que...

- J'ai lu dans son regard qu'il voulait m'adopter.
- Il avait l'air en très bonne santé.
- C'était le plus mignon.
- Il était timide et avait besoin de tendresse.

Autre : ....

....

Sommaire

Éduquer ça s'apprend

Votre chien vit en étroite communauté avec vous et partage pendant dix à douze ans – selon sa race – aussi bien votre vie quotidienne que vos loisirs. C'est pourquoi vous devez l'éduquer. Vous trouverez dans ce chapitre tout ce qu'il faut pour savoir le faire.

EN AVANT-PROPOS

Si vous lisez ce livre, c'est qu'un chien va probablement arriver chez vous sous peu. Ou que vous avez déjà adopté un petit compagnon. Vous aurez alors vite remarqué qu'un chien ne « suit » pas aussi facilement qu'un autre animal familier, mais qu'il réclame, du moins par moments, toute votre attention – parce qu'il attrape une chaussure, chipe un jouet chez les enfants, vous fait faire le tour du quartier en tirant sur sa laisse ou répond seulement quand ça lui chante. À la différence de la plupart des autres animaux de compagnie, un chien ne vit pas en cage mais, pour ainsi dire, au sein de la famille. Ainsi, il devient rapidement évident que la cohabitation ne peut fonctionner que si le chien s'intègre complètement à la famille et accepte des règles précises – qui, naturellement, prennent en compte les besoins spécifiques de son espèce et de sa race.

Le chien, un animal de meute

Mais comment fait-on comprendre à un chien ce que l'on attend de lui ? Somme toute, nous comprend-il ? et si oui, comment ? Nous pouvons vous assurer que c'est le cas. Car en tant qu'animal de meute, le chien est disposé à s'intégrer au sein d'un groupe dominé par un chef souverain qui lui dicte son comportement. De plus, au cours de sa domestication, le chien a développé d'étroites relations avec les humains : nous représentons pour lui une sorte de « congénère » et donc un important partenaire social. C'est-à-dire qu'il observe notre comportement – notre façon de bouger, de s'adresser à lui, etc. – qu'il évalue à sa manière de chien et y réagit en conséquence. Ce comportement, unique parmi les animaux domestiques, rend les relations avec le chien relativement faciles.

COMMENT LE CHIEN APPREND ?

Pour que le chien s'intègre parfaitement à votre famille, il est primordial que vous sachiez comment communiquer avec lui. Ce n'est que comme cela qu'il pourra parfaitement bien vous comprendre. En outre, vous devez savoir comment l'animal apprend, afin de pouvoir lui inculquer des règles. Vous deviendrez ainsi un bon « maître » – à savoir quelqu'un qui guide et dirige son chien et lui indique une ligne de conduite claire, un partenaire en qui l'animal a une confiance absolue et vers qui il se tourne volontiers. En d'autres termes, vous formerez tous les deux une formidable équipe homme-chien.

L'apprentissage conditionné

L'éducation des chiens fait appel à deux processus pédagogiques : le conditionnement positif et le conditionnement classique.

LE CONDITIONNEMENT POSITIF On l'appelle aussi l'apprentissage par la réussite. Il occupe une large place dans l'éducation du chien. L'animal préférera reproduire un comportement suivi d'un effet positif – par exemple, des félicitations – plutôt qu'une attitude qui ne lui rapporte rien. Il s'assoit et reçoit pour cela une friandise en récompense. Vous avez ainsi renforcé positivement un acte souhaité. Par la suite, le chien s'assiéra de nouveau volontiers. Désormais, vous pouvez inculquer à votre compagnon tel ou tel comportement. Mais, hélas, cela vaut aussi involontairement pour un comportement indésirable : si le chien tire sur sa laisse pour aller flairer une marque odorante laissée par un congénère et que vous le suivez, il recommencera aussi puisqu'il a obtenu ce qu'il voulait. Mais les chiens apprennent également par le renforcement négatif : si votre compagnon fait le lien entre un certain comportement et une expérience déplaisante, il apprendra à ne plus recommencer. Si le gaillard vous pince le mollet et qu'il reçoit immédiatement sur la tête une giclée d'eau donnée avec le vaporisateur pour plantes, cela lui est désagréable et lui fait peur. Il s'abstiendra à l'avenir de vous pincer les mollets.

Mettre des limites façon chien : en saisissant son museau, cette chienne remet sa cadette à sa place – et tout rentre aussitôt dans l'ordre.

Le chien relie toujours la récompense avec la dernière chose qu'il a faite. Aussi veillez à le récompenser immédiatement après l'action.

Dans cette scène, le mauvais comportement du chien est renforcé involontairement : l'animal tire sur sa laisse, sa maîtresse le laisse faire et le suit.

De même, il abandonnera tôt ou tard un comportement qui ne lui rapporte aucun gain durable (et la persévérance est déterminante !). Si, par exemple, vous (et les autres) vous détournez toujours de lui sans commentaire lorsqu'il saute sur vous, autrement dit, si vous l'ignorez toujours, le chien verra qu'il ne tire aucun avantage de cette action et il cessera vite de sauter.

LE CONDITIONNEMENT CLASSIQUE On le connaît grâce aux expériences menées par le chercheur russe Pavlov : quand un chien aperçoit de la nourriture, il se met à saliver. Or, si on associe à plusieurs reprises la nourriture à un son de cloche, au début sans importance pour le chien, ce simple son le fait saliver, même si on ne lui présente pas de nourriture en même temps. Grâce au conditionnement classique, il est fréquent que les chiens apprennent, pour ainsi dire, par eux-mêmes. À savoir en vous observant attentivement et en faisant le lien entre certains faits se produisant de façon régulière. Votre chien aime certainement les promenades. Si, à cette occasion, vous mettez toujours la même veste, au bout de quelque temps, il ne se réjouit plus seulement lorsque vous êtes dehors avec lui, mais dès qu'il vous voit décrocher votre veste.

Apprendre à connaître le chien

Pour bien vous y prendre avec votre chien, vous devez apprendre à le connaître. À chaque chien sa personnalité, et il faut en tenir compte dans l'éducation et la formation. Si, par exemple, votre compagnon fait partie des chiens qui se laissent facilement distraire, vous devez vous investir beaucoup plus qu'auprès d'un autre qui est constamment suspendu à vos lèvres. Si c'est une boule d'énergie, il vous faut beaucoup de calme ; si c'est un chien plutôt paresseux, vous devez le motiver avec plus d'exercices. Un quadrupède volontaire ou « têtu » exige une bonne dose d'endurance et de détermination. En revanche, un chien très sensible demande beaucoup de doigté pour ne pas lui faire perdre ses moyens.

Les récompenses

Si vous voulez faire comprendre à votre chien qu'il a bien exécuté un ordre, la récompense doit être pour lui une véritable fête. Un bref « Bon chien » ne suffit pas, du moins au début de l'éducation et de la formation. Mais là encore, tout dépend du type de chien auquel on a affaire. Pour l'un, une croquette sera déjà une fête ; un autre ne se sentira vraiment gratifié qu'avec un petit morceau de poulet cuit. Pour un troisième, un jeu de traction avec son maître sera plus génial que n'importe quelle friandise. À vrai dire, les récompenses comestibles sont très prisées par de nombreux chiens. Elles vous permettent aussi de le féliciter au moment opportun. Les caresses et les compliments sont également une sorte de renforcement positif. L'important est que vous adaptiez la récompense à votre chien, qu'elle soit un bon stimulant et quelque chose d'extraordinaire.

CONSEIL Déduisez toujours les récompenses comestibles de la ration journalière. Afin qu'elles demeurent pour le chien quelque chose d'exceptionnel, il doit toujours les « gagner » grâce à son travail et avoir suffisamment faim pendant les exercices.

RESPECTER LE BON TIMING Pour que les bouchées de récompense arrivent à point nommé, il faut qu'elles suivent immédiatement le comportement souhaité. Par exemple, si le chien apprend à répondre à votre appel, il reçoit une friandise dès qu'il est arrivé tout près de vous – et non après que vous l'aurez fait asseoir. Si vous voulez récompenser le chien d'être resté couché pendant un certain temps, donnez-lui quelque chose uniquement lorsqu'il a gardé la position un moment. Mais vous devez veiller, quand vous voulez le féliciter, à ce qu'il ne montre pas un comportement indésirable. Supposons que votre chien aime chasser les poules ; vous le tenez en laisse, il ne tire pas, c'est vrai, mais il fixe les volailles d'un regard soutenu. Si vous le récompensez maintenant, vous le félicitez non seulement de ne pas bouger, mais aussi de se concentrer sur les poules !

DIMINUER LES RÉCOMPENSES Naturellement, le chien ne doit pas obéir que lorsqu'il a faim ou que vous tenez une friandise dans la main. De ce fait, récompensez-le régulièrement durant la phase d'apprentissage, mais dès qu'il maîtrise l'exercice, ne le faites plus que de temps à autre. Par exemple, le chien apprend très vite à s'asseoir. C'est pourquoi vous ne récompenserez plus un simple « Assis ». Mais si votre chien reste sagement assis, alors qu'il est soumis à des distractions, vous pouvez de nouveau lui donner quelque chose.

EN RÉSUMÉ, L'ON PEUT DIRE CECI :

- félicitez toujours le chien d'avoir maintenu l'attitude attendue ;
- si votre petit compagnon fait un effort particulier,

UNE ÉDUCATION RIGOUREUSE

Prédéfinir

Réunissez votre famille et mettez-vous d'accord sur ce qui est permis au chien et ce qui ne l'est pas, quels ordres doivent être employés, etc. Les règles doivent être respectées par tous car la rigueur est primordiale. L'éducation incombe à un seul adulte. Plus tard d'autres membres de la famille (à partir de 14 ans) pourront intervenir au cours des exercices.

par exemple s'il répond à votre appel alors qu'il joue avec des congénères, offrez-lui dans ce cas une belle poignée de friandises.

Les réprimandes

Tout être vivant connaît des expériences désagréables, y compris le chien. Par exemple, si le chiot reste pendu aux mamelles de sa mère après la tétée, il reçoit un coup sur le museau assorti d'un grognement. De même, de votre côté si votre chien fait quelque chose de défendu, vous devez le lui faire comprendre. S'il veut s'allonger auprès de vous sur le canapé et que vous n'êtes pas d'accord, vous devez immédiatement lui signifier par un « Non » ferme, un regard courroucé, ou éventuellement en le saisissant par la peau de la nuque (ne le secouez pas !), que cela n'est pas permis. Saisir son museau, par exemple quand il pince en jouant, est une bonne solution. La réprimande la plus efficace est celle qui a fait comprendre du premier coup au chien ce que vous attendez de lui. Mais vous ne devez ni l'impressionner fortement, ni lui faire peur.

ÊTRE FERME C'est important si le chien n'obéit pas à l'un de vos ordres ou qu'il y met fin de son propre chef, bien qu'il soit capable de l'exécuter parfaitement (assurez-vous toutefois qu'il n'est pas surmené). S'il se relève tout le temps parce qu'une odeur l'intéresse à quelques mètres de là, restez au même endroit en tenant la laisse de manière à ce qu'elle soit complètement souple lorsque le chien reste couché, mais se tende de façon désagréable dès qu'il veut se lever.

DE PLUS Le chien ne comprend pas les punitions qui consistent à lui donner une tape avec le journal, l'enfermer dans la cave ou le priver de repas. Les coups et autres brutalités sont injustifiables et minent la confiance établie entre l'homme et le chien.

JOUER SUR L'EFFET DE SURPRISE Avec la punition « qui vient de nulle part », l'effet négatif est tel que le chien ne fait pas la relation avec son maître. Par exemple, si le chien se dirige vers le rôti qui est sur la table de la cuisine et qu'il est effrayé par le cliquetis d'un trousseau de clefs qui tombe par terre près de lui, il évitera à l'avenir de s'approcher de la table. Mais il ne fera pas le lien entre sa frayeur et vous.

Jouer peut être une belle récompense pour le chien. Mais seulement s'il joue réellement avec vous – et ne prend pas le large avec son jouet.

SAVOIR UTILISER LE LANGAGE CORPOREL

Les chiens discernent les nuances subtiles du langage corporel tant chez leurs congénères que chez les humains. L'essentiel est que vous apparaissiez toujours sûr de vous et souverain vis-à-vis de votre chien. Rien que cela a déjà des effets très positifs sur la relation homme-chien. Car il vous respecte et attend vos signaux puisque vous lui procurez sécurité et clarté. Si ces qualités vous font défaut et que vous ne fixez pas de règles précises au chien, il n'en fera qu'à sa guise.

Communiquer le calme avec « Assis »

Lorsque vous attendez du calme de la part de votre chien, peut-être justement quand vous l'entraînez à rester assis assez longtemps, le calme doit aussi émaner de vous. Des gestes posés mais assurés et, pour le féliciter, des caresses régulières – de préférence sur le poitrail (*à droite, photo 1*) – l'incitent à garder la position assise. En lui caressant le dos, vous l'inviteriez à s'allonger. Si vous le caressez d'en haut sur la tête, le chien risque de se dérober.

Savoir le motiver

Le chien se motive avec plus ou moins de stimulations selon sa personnalité. Supposons que vous appeliez votre chien qui est un peu indépendant ou distrait, mais que vous restiez tranquillement à l'attendre, il ne va pas particulièrement se presser. Mais si vous partez en courant, le chien se précipitera à votre suite afin de ne pas vous perdre. De nombreux propriétaires de chiens font trop souvent preuve de passivité et d'attentisme.

Donner une impression accueillante

Donnez une impression accueillante, en particulier aux chiots, en vous plaçant à « hauteur d'yeux » et en vous accroupissant pour les attirer à vous. Une expression du visage amicale associée à des gestes motivants et à une voix bienveillante, et le petit se précipite déjà comme une flèche !

Les signaux qui arrêtent

Si vous voulez arrêter votre chien en utilisant le langage corporel, allez jusqu'à lui en vous donnant une contenance assurée. De plus, regardez-le d'un air sévère (attention, pour des chiens étrangers, cela peut être perçu comme une menace !). De cette façon, le chien n'accomplit pas l'action indésirable. Par exemple, si vous voulez arrêter votre chien à distance parce qu'un cycliste arrive en sens inverse, allez jusqu'à lui. Toutefois, s'il tarde trop à répondre à votre appel, un langage corporel menaçant produit exactement l'effet contraire : votre quadrupède n'arrivera pas plus vite.

Un calme parfait pour « Couché »

Encore un exercice classique pour lequel le chien a besoin de beaucoup de calme pour que, plus tard, il reste gentiment couché tout seul. Caressez-lui le dos de l'avant vers l'arrière, ce qui l'incitera à garder sa position et à rester tranquille. Évitez de le tripoter nerveusement. Chez les chiens pleins de vie ou au tempérament nerveux, il faut veiller à ce qu'ils ne se laissent pas imperceptiblement gagner par l'agitation mais à ce qu'ils restent parfaitement calmes Rassurez-le toujours.

1

2

3

4

5

Délivrer des signaux visuels clairs

Les signaux visuels doivent être sans équivoque et bien différenciés. Vous devez aller à la rencontre du chien en faisant appel au langage corporel. Quand vous levez le bras ou la main pour le faire asseoir, le chien regarde vers le haut et son arrière-train va s'abaisser vers le sol. Pour le faire coucher, vous effectuez un mouvement de la main vers le bas et le chien comprend vite la signification de ce geste. Pour l'inviter à ne pas bouger, on peut avant de partir lui mettre le plat de la main devant le museau un bref instant, un peu comme un stop.

CONSEIL Pendant une période, combinez constamment les signaux visuels avec les ordres verbaux correspondants et rapidement votre chien réagira aux seuls signaux visuels.

1 COUCHÉ

Le signe de la main pour « Couché » est un mouvement de la main vers le bas. Par ce geste, vous « abaissez » pour ainsi dire le chien. Avec un peu de pratique, le signal visuel peut devenir plus discret. Au début de l'apprentissage, vous pouvez associer une friandise au geste, puis le chien se couchera simplement en voyant votre main.

2 ASSIS

Pour l'ordre «Assis», on lève la main. Le chien la suit du regard et, de ce fait, son arrière-train s'abaisse presque automatiquement. Là aussi, avec le temps, vous pourrez faire un signal visuel plus discret lorsque vous êtes près de lui, mais très précis lorsqu'il est loin de vous. Pour cet ordre, le travail préalable avec les récompenses est aussi une étape vers le signal manuel.

3 PAS BOUGER

Mettre le plat de la main un bref instant devant son museau, tel un stop, signifie au chien qu'il doit rester à la place assignée, même si vous vous éloignez. Au début, comme pour les ordres « Couché » et « Assis », associez toujours le signal visuel à des ordres verbaux. Donnez le signal visuel au chien avant de vous en aller et non lorsque vous êtes déjà loin de lui.

LA VOIX, UN MOYEN ÉDUCATIF DÉTERMINANT

Outre le langage corporel, le chien comprend votre voix. Les deux langages doivent s'accorder ensemble. Le chien ne comprend pas le sens d'un mot. Mais il se base sur le ton de votre voix et la sonorité des mots. L'intensité sonore est sans importance. Il est même possible de communiquer des messages au chien à voix basse, si le ton de la voix et le langage corporel sont en adéquation.

Donner des ordres simples

De nombreux chiens sont accablés de mots, ce qui signifie que leurs maîtres leur parlent beaucoup trop. Le chien ne peut rien capter dans un flot de paroles. La conséquence est qu'il ne réagit plus à la voix. Quand vous adressez la parole à votre chien, vous devez enchaîner avec une action, par exemple l'inviter à jouer ou à faire une promenade.

Éviter les discours inutiles

Ne transmettez avec votre voix que ce qui est vraiment important pour le chien. Si, par exemple, vous voulez qu'il s'assoie, un « ASSIS ! » bien appuyé suffit à lui faire comprendre ce que vous désirez, mais pas un « Bon, maintenant, assieds-toi ». S'il mordille votre chaussure neuve, un « Non » ferme, accompagné d'une mimique adéquate et d'un mouvement en direction du malfaiteur, sera plus efficace qu'un « Qu'est-ce que tu fais là, tu m'écoutes, mais arrête ça tout de suite », prononcé avec nervosité.

Choisir le bon registre

Les ordres doivent toujours être donnés d'un ton ferme, à voix normale, les félicitations d'une voix enjouée et au besoin enthousiaste. Une réprimande se fait sur un ton sérieux et sévère. Si vous voulez attirer l'attention du chien, votre voix doit être réellement engageante. En revanche, si vous l'appelez cinq fois par son nom d'un ton monocorde, il y a peu de chance qu'il obtempère. À propos du nom, on en abuse souvent, car beaucoup de propriétaires de chiens croient que c'est à son nom que le chien répond le mieux. Mais là aussi, ce

Vous souhaitez une participation active de votre chien ? Adoptez un ton motivant et enjoué.

qui importe, c'est d'employer le nom de façon ciblée et sur le ton juste. Si l'on sait utiliser la voix, il est facile de diriger les chiens, mais il faut respecter le timing. Il peut être nécessaire, en quelques fractions de seconde, de passer d'un ton sévère aux félicitations, ou de la tension au calme, et vice versa.

L'IMPORTANCE DE L'ÉDUCATION

Vous vous demandez peut-être si l'éducation est vraiment indispensable. De nos jours, la plupart des chiens vivent dans des zones à forte densité de population. Leur espace vital y est restreint, beaucoup d'intérêts se heurtent. Il faut ajouter à cela qu'un grand nombre d'entre eux ne sont plus cantonnés au rôle de chiens de garde, mais qu'en tant que membres de la famille, ils sont partout : ils participent aux sports de loisir, aux vacances ou aux courses en ville. C'est pourquoi il est fondamental que le chien ait confiance en l'homme et qu'il se familiarise avec tout ce qui l'entoure, comme le bruit, la foule, etc. Avec un chien bien éduqué, vous contribuez activement à l'amélioration de l'image pas toujours reluisante des propriétaires de chiens, et la cohabitation avec l'animal se passe de façon beaucoup plus détendue. Bien sûr, il ne faut pas non plus négliger les avantages que peut en tirer le chien. Il sera moins sujet au stress ; de plus, une solide éducation lui autorisera davantage d'autonomie, car il pourra courir plus librement et ne devra pas la vie à une laisse à enroulement automatique.

Que doit apprendre un chien ?

Le chien de famille et de compagnie doit maîtriser un programme de base. C'est la condition indispensable à sa propre sécurité, mais aussi à une entente harmonieuse entre le chien et son maître. L'expérience montre que deux points sont essentiels pour les propriétaires de chiens, à savoir que leur quadrupède réponde à l'appel et qu'il ne tire pas sur sa laisse. Mais ce sont deux exercices qui réclament un peu d'entraînement, comme vous pourrez le lire en page 49. En outre, le chien doit apprendre à rester gentiment assis ou couché près de vous, ou encore à rester en un lieu précis à quelques mètres de vous. Il doit pouvoir rester seul quelques heures sans mettre la maison sens dessus dessous ni aboyer à tue-tête. Mais tous ces exercices ne doivent pas fonctionner seulement lorsque vous êtes seuls en pleine nature ou à la maison, mais aussi et surtout lorsque le chien est soumis à des distractions ou qu'il est dans un milieu étranger. Si, en plus, il apprend qu'il est interdit de voler la nourriture, de mendier à table, de sauter sur les gens, de courir après les cyclistes, de déchiqueter les tapis, etc. et qu'il doit faire ses besoins dehors, vous vivrez en parfaite harmonie.

QUAND COMMENCER L'ÉDUCATION ?

Allez chercher votre chien chez l'éleveur alors qu'il n'est encore qu'un chiot ; puis, avant la fin de son enfance, à savoir la fin du 4e mois, il doit apprendre ceci : il doit être propre et ne plus demander à sortir la nuit, il doit répondre à son nom et venir vers vous avec confiance lorsque vous l'appelez, même s'il est légèrement distrait. En outre, le petit doit pouvoir rester gentiment assis ou couché près de vous au moins une minute et sans que vous soyez obligé d'intervenir. Il maîtrise également les premières étapes de l'exercice « Pas bouger » (p. 57), c'est-à-dire qu'il est capable de rester assis ou couché calmement en un lieu précis, alors que vous êtes à un mètre de lui, le tout pendant trente secondes et sans se laisser distraire. Vous n'avez plus recours aux friandises pour le faire asseoir ou coucher. Le chiot peut faire de petits trajets en laisse en marchant au pied. Il s'est intégré à la vie de la famille et a appris à se tenir tranquille lorsque cela est nécessaire. Par exemple, au restaurant, il s'adapte à la situation et reste sagement couché sous la table (sans ordre). Au cours des promenades, il regarde toujours où vous êtes et reste de lui-même près de vous. Ce sont des points de repère indicatifs, à l'exception du rappel auquel il doit impérativement obéir. Chez certains chiots, on peut exiger davantage ; d'autres ont peut-être besoin de plus de temps. Beaucoup de choses dépendent de vous. Prenez-vous l'éducation au sérieux ? Savez-vous

Le terrier Jack Russell est un chien de chasse actif et énergique. Son éducation exige beaucoup de calme, de rigueur et de capacité à s'imposer.

Le berger australien est un chien de troupeau endurant, qui doit être occupé physiquement psychiquement. À réserver aux maîtres actifs et engagés !

bien évaluer votre chien ? Combien de temps y consacrez-vous ? Si vous adoptez un chien adulte, beaucoup de choses dépendent de sa vie passée.

OBÉIR JUSTE « UN PEU » ? Nous l'avons déjà dit : la plupart des maîtres croient qu'il suffit que le chien réponde quand on l'appelle et qu'il ne tire pas sur sa laisse. Ils voient le reste d'un œil plutôt libéral. Mais si l'on songe à ce qu'il faut d'obéissance et de lien d'attachement pour rappeler un chien qui joue avec des congénères ou pourchasse un lièvre qui s'enfuit, peut-être vers une route à forte circulation, il est clair qu'il faut plus que juste « un peu d'obéissance ». Si l'on n'exige rien d'autre de l'animal et qu'il peut faire plus ou moins ce qu'il veut, il ne verra aucune raison d'obéir dans pareille situation.

Respecter les besoins de l'espèce et de la race

L'éducation ne fonctionne que si vous adoptez un comportement conforme aux besoins du chien. Ainsi, vous ne pouvez pas attendre qu'il reste sagement couché pendant des heures (par exemple, au restaurant) si vous ne lui offrez pas auparavant l'occasion de se dépenser et de se défouler. Cela vaut aussi lorsque vous souhaitez qu'il reste seul, que ce soit à la maison ou à l'hôtel. Un chien qui est pleinement occupé est heureux et s'adapte plus facilement qu'un autre qui a un surplus d'énergie à dépenser. D'un autre côté, les chiens dorment énormément, si bien qu'il n'est pas bon de leur imposer trop d'impressions et d'activités. Si l'animal ne supporte pas certaines choses, comme le bruit ou la foule, vous devez en tenir compte. Il vaut peut-être mieux laisser le chien à la maison.

COMMENT OCCUPER PLEINEMENT LE CHIEN ? Dans la nature, les loups ou les chiens sauvages ont une foule de tâches à accomplir (rechercher de la nourriture, élever les petits, repérer les dangers, etc.). Nos compagnons n'ont plus ces contraintes, mais ils sont néanmoins pleins d'énergie et désireux d'apprendre. C'est pourquoi il faut non seulement leur procurer de l'exercice, mais aussi leur occuper l'esprit.

L'ÉDUCATION D'UN CHIEN ADULTE

Construire sur les bases

Si vous avez adopté un chien adulte qui maîtrise déjà quelques ordres, consolidez les acquis et continuez à construire par-dessus.

Tout reprendre au début

S'il n'est pas du tout éduqué ou si vous ne savez pas à quoi il obéit, reprenez l'éducation au début, comme pour un chiot.

UNE ÉQUIPE DE RÊVE

Pendant les cours, les gens demandent souvent ce qui est le plus important dans l'éducation d'un chien. Si vous suivez les conseils qui suivent, votre chien se sentira compris et cela ne pourra que bien se passer.

À FAIRE

+ Sachez utiliser votre voix et votre langage corporel de manière précise. Ainsi votre chien vous comprendra.

+ Soyez sûr de vous et faites rayonner votre autorité intérieure. Cela procure au chien un sentiment de sécurité.

+ Soyez toujours ferme et constant, ainsi le chien aura une ligne de conduite claire à suivre.

+ Établissez une relation de confiance entre vous et le chien ; c'est le fondement d'une vie commune harmonieuse.

À ÉVITER

- Ne confiez pas l'éducation de base du chiot à votre enfant. Pour le chien, il est plus un camarade qu'un partenaire de rang supérieur.

- Évitez, au moins pendant les premiers mois, les promenades où vous ne communiquez pas avec le chien.

- Ne considérez pas le chien comme un être humain, cela génère des malentendus et aussi de vrais problèmes.

- Ne tenez pas le chiot à l'écart du monde extérieur sous prétexte qu'il est trop petit. Cela n'est pas lui rendre service.

Les races qui ont été élevées pour des aptitudes bien précises ont besoin des deux. C'est le cas des chiens de chasse et de protection, ainsi que des races qu'on utilise dans les sports canins. Plus certaines aptitudes sont développées, et donc susceptibles de devenir un fardeau ou un danger dans la vie quotidienne, plus il est important que le chien ait un niveau d'énergie équilibré et que son obéissance soit fiable. Un fort instinct de chasse, tout comme un instinct de garde et de protection marqué, sont des exemples de ces aptitudes. Si un chien est en sous-activité chronique, il suffit souvent d'une petite stimulation compensatrice pour que son instinct naturel se réveille. Le besoin d'exercice varie d'une race à l'autre. Au fond, chaque chien doit s'occuper l'esprit, mais les chiens d'utilité, comme les border collies ou les terriers, ont souvent plus d'exigences que d'autres. On peut déjà considérer les exercices d'éducation normaux comme un « travail intellectuel ». Ils réclament concentration et participation de la part du chien et, de plus, ils renforcent la relation homme-chien. Une demi-heure d'exercices avec le chien profite bien plus à beaucoup de quadrupèdes – mais aussi à la relation entre le maître et le chien – qu'une heure de simple promenade.

Votre chien aime vous apporter quelque chose ? Rapporter est une occupation qui a un sens : elle lui procure exercice et travail intellectuel, et renforce l'obéissance. Chaque sortie lui en offre l'occasion.

L'éduquer, oui, mais comment ?

Certains humains confondent encore l'éducation canine avec le dressage sur terrain d'exercices tel qu'il était pratiqué autrefois, mais qui perdure encore aujourd'hui. L'éducation canine moderne n'a rien à voir avec un entraînement quasi militaire, ni avec la violence. Rien à voir non plus avec une méthode antiautoritaire qui ne correspond pas à la nature du chien. Entre ces deux extrêmes, il existe diverses méthodes, et aucune n'est universellement valable. L'éducation et la formation visent à avoir un chien qui est heureux de travailler avec son maître et dont l'obéissance est fiable – et ce pas seulement parce qu'il en a envie ou parce que le maître sort une friandise de sa poche. Mais, chez la plupart des chiens, cela ne va pas tout à fait sans « contrainte », à savoir sans influence négative.

DES PERSONNALITÉS DIFFÉRENTES Votre manière de procéder doit s'adapter à la personnalité du chien. Même au sein d'une race, il existe souvent les types les plus divers. L'essentiel est que vous inculquiez l'exercice au chien avec une motivation positive, et le mieux est de commencer lorsqu'il est jeune. Cependant, tous les chiens ne se motivent pas de la même façon. Chez l'un, une petite friandise suffit pour qu'il se concentre complètement sur son maître ; un autre, en revanche, doit être déjà très affamé ou flairer une bouchée toute spéciale. Pour un troisième, un jouet a peut-être plus de charme qu'une récompense comestible. Un autre encore se contentera d'un ton de voix ou d'une attitude qui lui dit qu'il agit bien. Et puis il y a aussi des chiens qui sont globalement difficiles à motiver. Le caractère aussi joue un rôle. Votre chien est-il plutôt volontaire ou entêté, ou bien tire-t-il immédiatement profit de la moindre négligence dans l'éducation ? Dans ce cas, vous devez faire preuve de plus de fermeté et d'autorité. S'il est docile ou s'il s'intéresse presque uniquement à vous, l'éducation est plus facile. La personnalité du chien détermine dcnc votre méthode d'éducation.

Quelques règles de base

UNE PRATIQUE RÉGULIÈRE C'est important, mais faites-le seulement lorsque vous êtes bien disposé. Adaptez la durée des séances d'exercices à la capacité de concentration et au niveau de formation de votre chien. Pour un chiot, quelques minutes suffisent. Vous pouvez vous entraîner partout, dans le jardin

LES ORDRES DE FIN D'EXERCICE

Ils marquent la fin de l'entraînement.

Si vous avez donné un ordre à votre chien, il est important que vous y mettiez fin lorsqu'il n'a plus lieu d'être. Soit vous enchaînez avec un autre ordre, soit vous libérez l'animal en lui donnant un ordre spécial tel que « Va jouer » ou « Fini ». C'est un aspect tout à fait essentiel pour développer chez lui une obéissance sans faille.

comme à la maison ou ailleurs. Profitez aussi des promenades normales ; ainsi, vous n'aurez pas besoin de prévoir un moment spécial à cet effet. Plusieurs courtes séances valent mieux qu'une longue, car il est nécessaire de beaucoup répéter pour qu'un exercice soit bien assimilé.

PRÉPAREZ LES LEÇONS Organisez toujours l'entraînement de façon que vous et votre compagnon finissiez sur une réussite encourageante. Pensez en amont à ce que vous voulez lui faire exécuter et comment, et faites-le systématiquement.

S'il ne sait pas du tout faire un exercice, interrompez-le et enchaînez avec un autre plus facile. Réfléchissez ensuite aux raisons de cet échec. Avez-vous mal organisé l'exercice ? Les distractions étaient-elles trop fortes ? Ou bien vos signaux n'étaient pas assez clairs.

TRAVAILLER AVEC LE CHIEN EN LAISSE Dans les premiers temps de l'apprentissage, sauf pour le rappel, vous devez toujours tenir votre chien en laisse souple. Elle ne sert pas à corriger, mais a plutôt un rôle de « frein d'urgence ». Si, par exemple, le chien se lève alors qu'il ne doit pas bouger, vous l'avez immédiatement sous contrôle. La correction est bien plus efficace que si vous deviez d'abord l'appeler et le féliciter d'être venu, avant de lui faire reprendre la position initiale.

Un chien bien élevé gardera le contact avec son maître même s'il est soumis à des distractions.

Si l'animal n'a manifestement aucune envie d'obéir, vous devez malgré tout le corriger.

LES PHASES DE CROISSANCE DU CHIEN

Il peut s'écouler un à trois ans, selon la race, avant que le chien ne devienne adulte. Pour que vous et votre chien puissiez former une bonne équipe durant cette période, vous devez tenir compte de certaines étapes et particularités propres à la vie du chien et les utiliser pour l'éducation.

Du chiot au chien adulte

En arrivant au monde, le chiot est sourd, aveugle et entièrement dépendant de sa mère. Il n'y a que l'odorat et la sensation de chaleur qui fonctionnent déjà un peu. Ces deux aptitudes sont vitales pour le nourrisson, car il peut en rampant trouver les mamelles de sa mère et les autres chiots. De plus, les petits sont déjà capables de gémir à vous fendre le coeur...

LA PHASE VÉGÉTATIVE C'est ainsi qu'on appelle la première phase, de la 2e à la 3e semaine, durant laquelle le chiot ne peut pas discerner grand-chose autour de lui et passe son temps à téter et à dormir.

LA PHASE DE SOCIALISATION Au cours de la 3e semaine débute une étape importante. Les yeux s'ouvrent et les autres sens fonctionnent. Parallèlement, le petit devient de plus en plus mobile. Il peut alors percevoir son univers et l'explorer, jouer avec sa mère et ses frères et sœurs, faire des expériences et apprendre en même temps : qu'est-ce que des congénères ? à quoi ressemble ce qui m'entoure ? qu'est-ce qui est dangereux ou pas ? de quoi est-ce que je me sens capable ? comment se comporte-t-on dans une meute ? que peut-on faire et que ne doit-on pas faire ? C'est le début de la phase de socialisation. Elle dure environ jusqu'à la fin du 4e mois. Le chien est alors, et uniquement durant ce laps de temps limité, réceptif à un apprentissage qui s'imprime de façon définitive dans son cerveau. Dans la nature, cette phase est cruciale parce que c'est à ce moment-là que le jeune loup intériorise les choses essentielles pour le reste de sa vie. Il se construit une image fondamentale

Votre chien aime vous apporter quelque chose ? Rapporter est une occupation qui a un sens : elle lui procure exercice et travail intellectuel, et renforce l'obéissance. Chaque sortie lui en offre l'occasion.

de son milieu. L'idéal est que le chiot ait la possibilité, dès le début de la phase de socialisation, d'avoir des contacts étroits et fréquents avec différentes personnes afin qu'il les considère comme des sortes de parents. Vous pouvez donc aisément vous imaginer les expériences qui font défaut à un chiot qui a dû passer les huit, dix ou même douze premières semaines dans un chenil ou un box, privé de contact avec les humains et d'un environnement stimulant. Votre tâche commence le jour où vous allez chercher votre compagnon chez l'éleveur. Profitez de cette période pour organiser les progrès du chiot. Mettez-le petit à petit en contact avec tout ce qui fait partie de votre vie. Ne négligez pas les rencontres avec des congénères. Pour cela, vous pouvez l'inscrire dans une bonne école pour chiots. La fin de la phase de socialisation ne signifie pas que l'animal ne peut plus rien apprendre après. Au contraire : tout comme dans la nature, il y a encore beaucoup à apprendre (par exemple, les meilleures stratégies de chasse). Le chien apprend lui aussi toute sa vie et fait ses expériences. Mais pour cela, une bonne socialisation est une base très utile et indispensable. Pour en savoir plus, lisez les pages 38-40.

LE JEUNE CHIEN Avec la fin de la phase de socialisation se termine l'enfance du chiot. Si vous avez su mettre cette période à profit, vous devez déjà en récolter les fruits. Le jeune chien s'est bien intégré à la famille, les petits exercices

Si le chien éprouve du plaisir à être avec vous et si le lien d'attachement, la hiérarchie et l'éducation sont en rapport, vous êtes le centre de sa vie.

CONSEILS D'EXPERT

Le jeu comme récompense

Pour que le jeu soit une récompense, il faut que le chien tienne beaucoup à son jouet. À savoir :

Étape 1
Il est bon que le chien ait seulement un ou deux jouets.

Étape 2
Sortez un jouet qu'il aime tout particulièrement et rangez-le de nouveau aussitôt après le jeu. Par exemple, une balle avec une ficelle ou bien une corde fera l'affaire.

Étape 3
Rendez le jouet intéressant d'une voix engageante et agitez-le çà et là sur le sol devant le chien en poussant des « cris de proie ».

Étape 4
Enchaînez avec un petit jeu de traction. Si le chien aime rapporter, lancez-lui le jouet. Dans les jeux de traction, c'est vous qui devez sortir vainqueur.

Étape 5
Mettez fin à la partie avant que le chien n'ait plus envie de jouer.

Important : harmonisez le jeu avec votre chien ; il doit y éprouver du plaisir, mais ne pas s'exalter outre mesure.

d'obéissance sont assimilés, il a construit avec vous une relation de confiance et s'est adapté aux caractéristiques de son environnement. Ce qui compte désormais, c'est de renforcer cet acquis, c'est-à-dire d'améliorer peu à peu les exercices d'obéissance. Faites beaucoup de choses seul avec le jeune chien et occupez-vous-en de façon ciblée.

LA PUBERTÉ Dans la seconde moitié de sa première année commence la puberté. Il se peut que le jeune chien traverse une phase de manque d'assurance. Des situations qui jusqu'ici ne l'avaient pas frappé suscitent soudain sa méfiance ou provoquent de la peur. Le passage de cette période dépend de la qualité de la relation qui s'est établie entre vous et votre animal. Les chiens sensibles ont souvent des réactions plus violentes que les chiens aux nerfs solides. Vous pouvez aussi rencontrer des problèmes d'obéissance quand le chien teste ses limites ou met à l'épreuve votre rôle de chef. Or cela ne doit pas se produire. Souvent, à ce stade, de vrais problèmes d'obéissance sont considérés, à tort, comme des symptômes de la puberté. Plus vous aurez été ferme et rigoureux dans l'éducation de votre chiot, moins vous aurez de problèmes pendant cette période. Mais si l'animal a déjà expérimenté le fait qu'il peut vous manipuler ou vous mener par le bout du nez, il exploitera naturellement ces points faibles. Comme vous le savez, il apprend par la réussite. La personnalité du chien joue aussi un rôle. Un chien très docile contestera moins votre position de chef de meute qu'un chien obstiné. La maturité sexuelle survient généralement avant le premier anniversaire, mais parfois plus tard chez certaines races (les femelles ont des chaleurs, les mâles commencent à lever la patte).

Votre rôle de chef d'équipe

Dans l'équipe homme-chien, vous devez être le chef. Mais qu'est-ce qui fait un bon « chef de meute » ? Il prend soin de son groupe, c'est-à-dire qu'il prend garde aux dangers, pourvoit à la nourriture, a de l'expérience, veille au respect des règles et est sûr de lui. Cela confère au chien un sentiment de sécurité et l'assurance qu'il n'a pas besoin de s'occuper de ces choses. Maîtrise de soi et autorité naturelle sont les qualités essentielles dont vous devez faire preuve. Grâce à elles, vous avez déjà de l'ascendant sur votre chien. Ensuite, il est important que vous veilliez à ce que l'initiative des invitations et des activités vous revienne, et que votre chien n'obtienne pas ce qu'il désire sur simple demande. Plus le chien est conscient de lui et exigeant, plus vous devez prendre ce sujet à cœur. La vie quotidienne fourmille d'exemples de telles situations, par exemple, lorsque le chien exige une bouchée en aboyant, veut sortir dans le jardin, a envie d'être caressé, demande à jouer ou à aller se promener, etc. Le chef est celui qui donne le ton ; veillez à garder cela à l'esprit. Mais dans les faits, les maîtres, consciemment ou inconsciemment, cèdent la plupart du temps aux exigences de leur chien, et ce dernier peut tout se permettre. Il se couche sur le canapé, se sert à table, peut flairer là où il veut. Bref, il est parfaitement choyé. Si le chien devient ensuite trop autonome et fait de moins en moins attention à son maître, cela signifie souvent que l'animal est « dominant ». Il ne fait plus que ce qu'il veut ou considère comme juste parce que personne ne se positionne en meneur et que son comportement lui réussit.

CONSEIL Révisez tout le temps votre comportement vis-à-vis du chien, car il est fréquent que des imprécisions s'insinuent petit à petit.

LES INDICATIONS DE RANG INDIRECTES Si l'autorité naturelle vous fait défaut ou qu'il y a déjà des problèmes de hiérarchie, vous pouvez expliquer à votre chien quelle est sa place dans votre meute par des indications de rang indirectes. Le canapé, le lit et autres « couches » des membres de rang plus élevé sont interdits au chien. Franchissez le premier les portes ou les passages étroits, le chien doit vous suivre. Servez-lui son repas uniquement après avoir pris le vôtre, et non pas juste avant. Certaines pièces aussi sont interdites, telle la chambre à coucher.

ATTENDRE DEVANT L'ÉCUELLE

Si votre chien a appris que sa venue est liée au repas, commencez par le faire attendre devant l'écuelle pleine jusqu'à ce que vous l'autorisiez à manger. Ainsi, il ne s'habitue pas à défendre sa nourriture et vous renforcez votre statut.

ÉTAPE 1

Vous préparez le repas.

ÉTAPE 2

Avant que vous ne posiez l'écuelle par terre, le chien doit s'asseoir.

ÉTAPE 3

Maintenant posez l'écuelle sur le sol, le chien garde la position assise.

ÉTAPE 4

Au bout d'un moment, et si le chien reste sagement assis, donnez-lui un ordre de fin d'exercice. Le chien peut alors manger.

Bien élevé : le chien reste sagement assis devant l'écuelle pleine. Seul votre ordre lui ouvrira pour ainsi dire le buffet !

L'éducation de base

Vous faites du jogging ou de la randonnée, mais vous aimez aussi aller au restaurant ou flâner en ville avec des amis. Et vous souhaitez emmener votre chien partout. Pour cela, il doit maîtriser quelques exercices de base. Voici comment faire.

LES PRINCIPES ÉLÉMENTAIRES DE L'ÉDUCATION

En ce qui concerne la théorie, vous avez déjà appris quelques bases. Venons-en maintenant à la pratique. En principe, l'éducation commence le jour où vous allez chercher le chien, peu importe qu'il s'agisse d'un chiot ou d'un chien adulte. Durant les premiers jours, le chien doit surtout faire la connaissance de ses nouveaux maîtres et de son nouveau cadre de vie. Certains chiens sont assez curieux et sociables, tandis que d'autres manquent peut-être d'assurance et sont réservés. Accordez du temps à l'animal. Si vous adoptez un chien adulte, essayez d'en apprendre le plus possible sur sa vie passée pour mieux cerner sa personnalité. Si vous connaissez son nom, le mieux est de le conserver. Gardez à l'esprit qu'un chien adulte, en raison de ses expériences, peut réagir tout autrement qu'un chiot.

Agir avec méthode

Pour l'éducation, il faut vous procurer quelques équipements. En outre, vous devez planifier la façon dont vous allez mener à bien les premières étapes. Les chiots doivent avant tout apprendre à connaître leur nom et s'habituer au collier et à la laisse. Les exercices doivent s'enchaîner de manière logique, sinon votre animal ne les comprendra pas. Par exemple, cela n'a aucun sens de lui apprendre à ne pas bouger s'il n'arrive pas encore à rester sagement assis ou couché un moment près de vous sans votre aide. Aussi ne passez à un nouvel exercice que lorsque le chien maîtrise les précédents. Commencez tout nouvel exercice dans un endroit calme ; introduisez ensuite graduellement des sources de distraction. Présentez les exercices de telle façon que le chien ne puisse faire aucune faute.

L'ÉQUIPEMENT ADAPTÉ

Pour l'éducation et la formation, il faut un collier et une laisse ainsi qu'un jouet et des friandises. Un sifflet de dressage est aussi utile.

Le collier

Il fait partie de l'équipement de base du chien. Les animaleries proposent un vaste choix de modèles, en cuir ou en Nylon, avec ou sans décoration, lisses ou tressés, ainsi que des colliers en métal. L'essentiel est qu'il soit adapté à sa taille, qu'il soit relativement large et n'exerce pas une traction illimitée. Pour le chiot, on conseille un collier que l'on peut agrandir pour suivre sa croissance. Le collier doit toujours être réglé de manière souple. Mais il ne doit pas permettre au chiot de s'échapper dès qu'il tire en arrière. Les colliers dits « étrangleurs » ne sont pas adaptés. De même, l'utilisation d'un collier « à pointes » est inadmissible.

HARNAIS OU COLLIER ? Aujourd'hui, on entend souvent dire que les colliers sont nuisibles pour le chien et qu'ils génèrent des problèmes de santé. Ce n'est sûrement pas le cas si l'on fait un usage normal du collier. En revanche, des secousses constantes et fortes exercées sur la laisse sont nuisibles au chien. Si le chien a tendance à tirer, vous pouvez lui rendre la chose plus agréable en lui mettant un harnais (ce qui ne lui fera pas forcément perdre cette habitude). Un harnais peut être utile pour des petits chiens « fragiles » ou très peureux, ou lorsqu'il y a une indication médicale, par exemple un eczéma au cou. On utilise couramment divers harnais pour certains types d'apprentissage où le chien doit tirer ou maintenir la tête vers le bas, comme par exemple le pistage et, bien sûr, le traîneau et le trait. Bref, cela reste une affaire d'opinion. Mais si vous savez communiquer et bien vous y prendre avec votre chien, vous ne lui porterez pas préjudice en lui mettant un collier.

La laisse

Pour l'éducation et la vie quotidienne, l'idéal est une laisse dont la longueur peut être réglée grâce à des anneaux supplémentaires et un second mousqueton. Ainsi, vous pouvez l'allonger pour certains exercices ou attacher le chien sans peine si besoin est. La laisse doit être adaptée à l'animal. Une laisse trop lourde pour un petit chien est tout aussi inadaptée qu'une laisse trop étroite pour un chien grand et fort. Veillez à choisir un mousqueton solide et de bonne qualité.

Le sifflet de dressage

En premier lieu, on l'utilise pour entraîner le chien à obéir au « rappel », et aussi en complément de l'ordre verbal « Ici » (p. 49). Un coup de sifflet a beaucoup plus d'effet puisqu'il se distingue clairement du flot de paroles habituel et n'est employé que dans certaines situations. De plus, il est beaucoup mieux perçu de loin qu'une voix devenue quasiment inaudible. Comme nous l'avons dit, le chien doit être entraîné à l'usage du sifflet avec méthode. Veillez à ce que vos enfants ne jouent pas avec le sifflet, sinon il n'aura plus aucun effet pédagogique. Choisissez un modèle robuste dans une animalerie. L'idéal serait que vous achetiez tout de suite au moins un sifflet de rechange identique.

Les friandises

Elles sont une aide précieuse à l'éducation. Grâce à elles, le chien sait qu'il a intérêt à faire ce que vous attendez de lui. Utilisez des petites bouchées que le chien ne doit pas avoir à mâcher. Pour l'ordre « Couché », elles peuvent être un peu plus grosses, le chien reste ainsi couché plus longtemps. Il est important que votre compagnon ait assez faim ; ainsi, il fera des efforts pour obtenir la friandise. Mais il ne doit pas non plus en faire une fixation au point de ne plus saisir ce que vous voulez de lui.

Le jouet

Vous pouvez aussi, s'il aime ça, proposer un jouet à votre chien en guise de récompense. Mais il faut que ce soit le nec plus ultra du jouet et qu'il convienne au chien. Si le chien aime bien rapporter, optez par exemple pour une balle avec une ficelle. S'il aime tirer, offrez-lui une corde. Mais ce jouet-récompense ne doit pas être mis constamment à la disposition du chien.

ACCESSOIRES

1 Les bouchées de récompense doivent être assez petites pour que le chien ne mâche pas trop longtemps. Au besoin, coupez-les en petits bouts.

2 Avec une telle corde à noeuds, le chien apprend à tirer et aussi à rapporter. Choisissez-en une adaptée à la taille de votre chien.

3 Utilisez une laisse dont la longueur est réglable. Elle est très utile durant l'apprentissage de certains exercices.

4 Les colliers en Nylon sont d'un entretien facile et simples à régler. Veillez à ce qu'il soit à la taille du chien et que la fermeture soit solide.

5 Un sifflet de dressage doit être fabriqué dans une matière robuste. Si, dehors, vous le portez autour du cou, vous l'aurez toujours à portée de main.

COMMENT SOCIABILISER VOTRE CHIOT

Afin que votre chiot considère plus tard votre cadre de vie comme son univers, il faut l'y habituer progressivement, c'est-à-dire le socialiser. Cela peut se dérouler de manière très variable selon le mode de vie du chien. Par exemple, un chien de garde, qui a presque exclusivement affaire au bétail, aura une socialisation différente de celle d'un chien de famille qui suit ses maîtres quasiment partout. Ce guide traite du chien de famille.

L'habituer à de nouvelles impressions

Après quelques jours d'acclimatation, l'éducation peut commencer. Le chien de famille «moyen » doit venir à bout d'une foule d'impressions : ville, transports, gens de toutes sortes, bruit de la circulation, attroupements humains, sols les plus divers.

APPRENDRE À CONNAÎTRE LES GENS Votre chiot a déjà eu, espérons-le, suffisamment de contacts avec les humains chez l'éleveur. Votre rôle consiste à présent à renforcer ces expériences. Il est bon qu'il rencontre toutes sortes de gens, des enfants de différents âges aux personnes âgées (éventuellement aussi celles marchant avec une canne). Mais ne tolérez pas que des étrangers donnent à manger à votre chiot, sinon plus tard il mendiera auprès de tout le monde. Mieux vaut s'accroupir pour saluer le petit afin que dès le début, il ne saute pas sur les gens.

EXPLORER L'ENVIRONNEMENT Au cours des semaines suivantes, faites-lui découvrir son environnement. À savoir la nature avec la forêt, les champs, l'eau mais aussi les escaliers, les différents types de revêtements comme les sols lisses en bois et en pierre ainsi que les grilles (seulement celles à interstices étroits pour que ses pattes ne passent pas au travers). Faites-lui monter un escalier de temps à autre, mais seulement quelques marches pour ne pas surmener ses articulations.

PLANIFIER LES SORTIES Naturellement, il n'est pas question de surmener le chiot. Aussi planifiez bien vos sorties de socialisation. Si vous sortez le chien une petite heure en ville ou si vous l'emmenez déjeuner avec vous dans un bistrot, il ne faut pas prévoir une autre activité d'envergure le même jour. Munissez-vous toujours d'un ou deux sacs pour faire disparaître les éventuels « besoins ». Veillez aussi à ce que le chien ait un petit creux et emportez une portion de petites bouchées. Ainsi vous aurez de quoi le motiver s'il n'ose pas faire quelque chose.

DOSER LES STIMULATIONS Si vous confrontez votre chiot à des situations pleines de sollicitations, par exemple un trajet dans un transport en commun ou l'agitation d'une zone piétonne, ou toute chose du même ordre choisissez, du moins au début, un moment où il ne se passe pas trop de choses. Et n'effectuez pas de grosses courses ce jour-là. Ainsi, vous aurez la tranquillité nécessaire pour vous concentrer sur votre compagnon.

Quand le chiot est hésitant

Si, par exemple, le chiot n'ose pas marcher sur un sol lisse, motivez-le avec une friandise. Au cas où il serait en laisse, tenez celle-ci de manière souple. Ne tirez pas sur la laisse ! Il reçoit la bouchée pendant qu'il se trouve sur ce revêtement inhabituel et, si c'est une vraie « poule mouillée », même quand il n'a fait qu'y poser une patte. Donc, récompensez-le dès qu'il fait des petits pas dans la bonne direction. Cela renforce l'assurance du chiot. Mais s'il n'arrive pas à se dominer, même avec des friandises, restez-en là. Pour en savoir plus, reportez-vous à la page 71.

Apprenez à votre chien à rester calme dans les lieux publics.

PETIT PLANNING DES EXERCICES

phase de croissance	activités
CHIOT JUSQU'A 16 SEMAINES	> Socialisation grâce aux attraits de l'environnement, aux humains, aux congénères > Des promenades régulières pour créer un lien d'attachement > L'entraîner au rappel avec méthode > Faire des jeux ciblés avec le chiot > Faire les premiers exercices de l'apprentissage de la solitude > Les autres exercices d'obéissance de base à petites doses
JUSQU'À CE QUE L'ANIMAL SOIT ADULTE	> Renforcer et améliorer le rappel > Jouer de manière ciblée et régulière > Renforcer et améliorer l'obéissance de base > Varier les promenades avec des activités et des changements de direction > À l'occasion, une rencontre avec des congénères associée à des exercices
TOUT AU LONG DE LA VIE DU CHIEN	> Occuper pleinement le chien par des activités satisfaisantes > Entretenir continuellement l'obéissance par des exercices variés > Jouer régulièrement > Peu de promenades « monotones » > Toujours veiller à la qualité de la relation

CRÉER LE LIEN D'ATTACHEMENT

Une relation de confiance entre le chien et le partenaire humain qui le domine est la base de la vie commune. Cela veut dire que l'animal attend vos signaux, qu'il vous respecte et a confiance en vous. Les chiots sont tout disposés à créer ce lien, car leur instinct leur dit qu'ils ne peuvent pas survivre seuls. Que vous adoptiez un chiot ou un chien plus âgé, l'essentiel est que vous passiez un maximum de temps avec lui dans les semaines qui suivent. Il apprend ainsi à vous connaître et réciproquement, condition indispensable à une entente harmonieuse.

Des promenades qui renforcent le lien

Vous souhaitez certainement avoir un chien avec lequel vous pouvez aller vous promener sans stress, c'est-à-dire un chien qui garde de lui-même le contact avec vous. Vous pouvez l'obtenir en faisant des promenades courtes mais régulières, au cours desquelles vous mettrez à profit l'instinct naturel du chiot de suivre sa meute. Commencez après quelques jours d'acclimatation. Pour cela, rendez-vous dans la nature avec le petit, loin d'une route et des distractions. Une fois sur place, posez le chiot par terre, sans laisse. Puis partez. Au début, vous pouvez au besoin l'attirer brièvement ; ensuite, si possible, ne dites plus rien. Le chiot va vous suivre. Au bout de quelques mètres, changez de direction à plusieurs reprises, par exemple en tournant autour des arbres. Si le chiot veut vous dépasser ou s'il s'éloigne de vous pour aller ailleurs, partez aussitôt dans la direction opposée sans prévenir. C'est un moyen efficace de lui « fourrer dans la tête » qu'il ne doit pas vous quitter des yeux pour ne pas vous perdre. Pratiquez cet exercice une fois par jour (seulement cinq minutes avec un jeune chiot, jusqu'à quinze minutes à l'âge de 16 semaines). Changez régulièrement de lieu d'exercice, car beaucoup de chiots deviennent plus indépendants lorsqu'ils sont familiers d'un endroit.

LE CHIEN ADULTE Les brusques changements de direction sont également utiles plus tard quand le chien est adulte, mais l'entraînement ne doit plus être forcément aussi régulier – à moins que vous ne constatiez que votre compagnon ne fait plus très bien attention à vous. Avec un chien adulte, vous devez aussi veiller à changer de cadre d'exercice. Si vous adoptez un chien qui est déjà adulte, l'instinct de suivre ne s'exerce plus. Si vous n'êtes pas sûr que l'attachement qu'il a pour vous soit assez fort, pratiquez l'exercice avec une laisse de cinq à dix mètres de long pour plus de sûreté.

Affection et occupation

Tout ce qui fait plaisir au chien quand il est avec vous favorise la cohésion. Jouez avec lui ou incitez-le à faire des exercices d'adresse, par exemple en le faisant marcher en équilibre sur un tronc d'arbre à l'aide de friandises. Donnez

Faites comme si vous aviez trouvé quelque chose de très intéressant, et votre chiot foncera comme une flèche. N'oubliez pas la récompense !

libre cours à votre fantaisie. Vos liens peuvent aussi être consolidés par le contact corporel. Les caresses en font partie, mais aussi, par exemple, le brossage avec une brosse à picots qui ne tire pas les poils. Se coucher l'un contre l'autre sur le tapis ou dans l'herbe après la promenade ou une petite séance d'entraînement est très apprécié de la plupart des chiots. De nombreux chiens continuent à aimer ce contact plus tard, lorsqu'ils sont sortis de l'enfance.

REMARQUE Le lien d'attachement doit être favorisé pendant toute la vie du chien, pas seulement lorsqu'il est chiot.

Important : une ligne claire et des règles

Favoriser le lien d'attachement ne signifie pas que le chien doive être le centre d'intérêt vingt-quatre heures sur vingt-quatre. Il vaut mieux s'occuper de lui de façon précise. Non pas, comme vous avez pu le lire p. 30-31, quand le chien l'exige, mais principalement quand vous en avez envie. Les règles en vigueur restent obligatoires. Votre maîtrise et votre autorité sont aussi d'importants facteurs de lien.

La maîtresse est déjà partie, mais pas question de rester à la traîne ! Au cours des sorties, le chiot apprend à ne pas vous quitter des yeux.

Si votre chien est joueur, vous devez jouer régulièrement avec lui, même lorsqu'il est adulte. Car si vous y trouvez tous les deux du plaisir, cela favorise la cohésion.

RÈGLES DE BONNE ENTENTE

L'obéissance

Il faut que le chien respecte les règles, que vous lui posiez des limites et que vous lui fassiez faire des exercices d'obéissance avec méthode. Les félicitations renforcent aussi le lien.

Les câlins

Le contact corporel procure à votre chi assurance et sécurité. Les caresses, coucher l'un contre l'autre, par exemple, apr une virée de reconnaissance, mais auss l soins du pelage avec une brosse souple ou gant de massage renforcent, par des contac doux et agréables, la cohésion entre vous votre chien.

Les repas

Un devoir du chef de meute est de veiller à nourriture. Les loups chassent en groupe. A retour, ils sont salués par les louveteaux ils régurgitent la nourriture. C'est pourquoi repas est aussi un important facteur de lie entre vous et votre chien.

environnement

Là où est mon maître, il ne peut rien ar-iver. » Partager des expériences vous ⟩proche et permet au chien d'accumuler des pressions. Des sorties de reconnaissance, il peut surmonter d'éventuelles peurs grâce vo-re aide, et des promenades qui renforcent lien confèrent de l'assurance au chien. Et la nfiance qu'il a en vous en est décuplée. En tre, le chien apprend à garder le contact, s-à-dire à attendre vos signaux.

Le jeu

Jouer procure beaucoup de plaisir au chien. Et s'il partage ce plaisir avec son maître, cela contribue à créer et consolider une bonne relation. Mais même dans le jeu, le chien doit respecter des règles, comme ne pas chercher à mordre. Conseil : jouez avec votre chien tout au long de sa vie, pas seulement quand il est petit.

CE QUE LE CHIOT DOIT APPRENDRE

À côté de la socialisation, de l'acclimatation à l'homme et à l'environnement, le chiot doit apprendre à être propre et à répondre quand on l'appelle.

Lui donner un nom

Appelez toujours le chiot par son nom pour le caresser, l'inviter à jouer ou lui offrir une friandise. Ainsi il associera son nom à des sensations agréables. Ne combinez aucun interdit, tel que « Pouah » ou « Non », avec son nom, sinon il prend une connotation négative pour l'animal. De même, ne l'appelez pas par son nom sans motif. Car si le chiot ne peut rien mettre en rapport avec son nom, celui-ci perd toute signification. Si vous adoptez un chien adulte qui sait comment il s'appelle, gardez-lui son nom. Mais utilisez-le également uniquement de façon positive. Cela fera naître la confiance. S'il n'a pas encore de nom, agissez comme avec un chiot.

La propreté

Le b.a.-ba de l'apprentissage de la propreté consiste à garder le petit le plus possible près de vous et à le surveiller. Moins le chiot aura l'occasion de se soulager dans la maison, plus vite il apprendra que cela n'est souhaitable qu'à l'extérieur. C'est pourquoi il doit aussi dormir près de vous la nuit. Limitez son périmètre en l'installant, par exemple, dans une cage de transport pour chien ou une caisse assez grande. Ne pouvant s'éloigner de sa couche, il vous préviendra en geignant en cas de besoin pressant. Vous l'entendrez et pourrez le sortir immédiatement. Au début, félicitez-le dès qu'il s'est soulagé dehors et associez son action avec un mot rituel, par exemple « Dépêche-toi » ou quelque chose de similaire. Vous arriverez rapidement à ce qu'il fasse ses besoins quasiment sur demande.

QUAND LE SORTIR ? L'usage est de sortir le chiot au réveil, après le repas ou une partie de jeux, et tard dans la soirée. Mais aussi entre-temps, lorsqu'il flaire anxieusement le sol, qu'il tourne en rond ou qu'il cherche visiblement un petit endroit à l'écart. Si le chiot vous prévient qu'il a un besoin pressant, c'est un peu comme avec un petit enfant, il faut réagir vite. Le mieux est que vous le portiez aussitôt dehors, du moins dans les premiers temps. Le conduire ou l'attirer dehors peut prendre trop de temps.

LE CHIEN ADULTE Si vous avez adopté un chien adulte, il y a de fortes chances pour qu'il soit déjà propre. Mais, au début, sortez avec lui assez souvent pour découvrir quel est son rythme et tant que vous n'êtes pas certain qu'il vous préviendra en cas de besoin pressant. Un chien sensible peut être sujet à la diarrhée dans un environnement nouveau pour lui.

Les zones interdites

Si vous souhaitez que votre compagnon n'aille pas dans certaines zones, à l'intérieur et à l'extérieur de la maison, comme les chambres à coucher, la cuisine, l'escalier ou les plates-bandes, barrez-en l'accès pendant un certain temps, simplement en fermant à clé ou en apposant un grillage. S'il proteste, ignorez-le. Ainsi le chien apprend dès le début qu'il ne peut pas y aller et comprendra mieux un « Non » plus tard. Il se peut qu'un chien adulte n'ait pas connu d'interdictions d'accès chez son ancien propriétaire. Sans barrage, il irait toujours dans les « zones interdites », car vous ne pouvez pas toujours avoir l'œil sur lui. Vous seriez tenu de le réprimander assez souvent, ce qui n'est pas forcément favorable à une bonne relation homme-chien.

Le chiot a « envie », il faut faire vite. Le mieux est de le porter dehors. L'attirer prendrait du temps.

CONSEILS D'EXPERT

Le chien et l'enfant

Les enfants et les chiens peuvent devenir les meilleurs amis à condition de veiller à certaines choses :

Responsabilité
La responsabilité et le devoir d'éducation vous incombent toujours.

«L'ami des enfants»
Aimer les enfants pour un chien est avant tout une question d'expériences et de prédispositions, mais pas de race. En principe, les chiens calmes, aux nerfs solides, sans instinct marqué pour la garde et la protection, sont les plus adaptés aux familles avec enfants.

Jouer comme il faut
Les enfants doivent jouer avec le chien uniquement à des jeux où ils n'ont pas le dessous.

Jamais seuls
Ne laissez pas les enfants seuls avec le chien. Cela vaut également pour les promenades. Le chien pourrait se détacher ou même entraîner l'enfant sur la chaussée en tirant.

Bien s'y prendre
Veillez à ce que le chien ne soit jamais mené à la baguette, agacé ou dérangé dans son sommeil par les enfants, et à ce qu'aucun d'eux ne lui enlève quoi que ce soit.

LES EXERCICES DE BASE LES PLUS IMPORTANTS

Obéir au rappel

C'est l'un des exercices les plus importants. L'expérience montre que la majorité des propriétaires tiennent à ce que leur chien réponde dès qu'on l'appelle. Mais on s'y entraîne trop rarement avec méthode. Si vous entraînez l'animal dès son plus jeune âge, l'avantage est qu'il mémorise l'exercice durablement, c'est-à-dire qu'il s'imprime de façon définitive dans son cerveau. Mais attention : si, lors d'un exercice mal conçu, le chien fait l'expérience qu'il peut feindre de ne pas avoir entendu, parce que vous n'exigez pas fermement son respect, cela aussi s'imprime durablement dans son esprit !

Il ne peut pas non plus apprendre l'exercice si l'ordre que vous donnez est ambigu, c'est-à-dire si vous appelez le chien en criant tantôt « Viens », tantôt « Ici ». Aussi, concevez toujours l'exercice de façon à ce que le chiot ne puisse faire autrement que de venir vers vous immédiatement.

LA BONNE MÉTHODE Les premiers jours, il vaut mieux associer l'ordre avec la nourriture. Vous préparez le repas pendant qu'une autre personne retient le chiot à quelques mètres. Plein d'espoir, il aura une grande envie d'aller vers vous, ce qui est très positif pour l'apprentissage de cet ordre. Lorsque le repas est prêt, accroupissez-vous et dites au petit « Ici », le cas échéant en donnant en plus un coup de sifflet. Tenez l'écuelle ou la bouchée dans la main. Le chiot est lâché et se précipite vers vous. Dès qu'il est près de vous, félicitez-le et posez l'écuelle par terre. Répétez l'exercice à chaque repas, à savoir trois ou quatre fois par jour pour un chiot. Pour un chien plus âgé, procédez exactement de la même façon, plusieurs fois par jour, en utilisant simplement des bouchées qui le tentent. Si tout se déroule parfaitement, appelez le chiot à plusieurs reprises depuis

Dès que le chiot se dirige directement vers vous, qu'il est déjà près et lève les yeux vers vous, sifflez et/ou ordonnez « Ici ».

différents points de la maison, en dehors des heures de repas, sans le retenir. Pour cela, le chien ne doit pas subir de distraction ni être tiré du sommeil. Faites cela aussi pendant quelques jours. Si l'animal répond toujours sans délai, pratiquez ensuite l'exercice dans le jardin ou sur le balcon.

Appelez-le à tel endroit ou depuis tel autre pour qu'il vous suive dans la maison. Si cela marche aussi sans problème pendant une semaine, transposez l'exercice en plein air. Mais là encore, vous devez agir avec méthode : si vous voulez que votre chiot vienne vers vous, attirez son attention d'une voix engageante et éloignez-vous de lui. S'il accourt, dites « Ici » pendant qu'il se dirige vers vous et si vous êtes certain qu'il ne va pas bifurquer dans une autre direction. Au début, par mesure de sécurité, prononcez l'ordre quand le chiot est déjà relativement proche de vous, et avec de l'entraînement, de plus en plus tôt. En pratiquant ces étapes méthodiquement, vous obtiendrez un jour ce résultat : vous appellerez votre chien sans l'attirer auparavant, et il viendra directement vers vous. Mais au moment de cette action, il ne doit pas être soumis à des distractions.

CELA CONTRIBUE À LA RÉUSSITE DE L'EXERCICE

› Pratiquez le « rappel » pendant une durée d'environ trois semaines, exclusivement à la maison et au jardin, et sans distractions.

› Choisissez un ordre verbal précis, qui reste le même. Le mieux est de dire « Ici », car dans la langue courante, on utilise ce mot beaucoup

1 Dès que le chiot arrive, félicitez-le immédiatement, car c'est ce que vous attendiez de lui. Il ne doit donc pas s'asseoir tout de suite.

2 S'il connaît déjà l'ordre « Assis », faites-le asseoir et mettez-lui sa laisse. Si vous le désir[ez,] félicitez-le spécialement de s'être assis.

plus rarement que « Viens ». En plus de l'ordre oral, vous pouvez utiliser un sifflet de dressage pour chien. Choisissez toujours le même coup de sifflet, par exemple un coup long et deux coups brefs.

› Utilisez la nourriture pour l'inciter à venir vers vous (des friandises spéciales ont fait leurs preuves auprès des chiens difficiles) et veillez à ce que votre chiot ait faim. Pour les quadrupèdes que la nourriture n'intéresse pas du tout, un jouet peut faire l'affaire, à condition, bien sûr, qu'il soit tout particulièrement génial pour le chien.

› Au début, le chien ne doit pas s'asseoir quand il arrive près de vous, car vous le féliciteriez de s'être assis et non d'être venu rapidement. Mais après un peu d'entraînement, il doit s'asseoir dès qu'il a reçu vos compliments pour avoir obéi au rappel. Ce n'est que lorsqu'il est sorti de l'enfance, et après de nombreuses répétitions, qu'on laisse le chien s'asseoir directement après le rappel.

ENTRAÎNER DES CHIENS ADULTES Avec un chien adulte, il peut être utile de pratiquer le rappel en plein air, durant quelques semaines, à l'aide d'une longue laisse, afin qu'il ne puisse pas feindre de ne pas avoir entendu. Mais alors le chien doit porter cette laisse lors de chaque promenade. Vous pouvez aussi l'entraîner en misant sur la faim ou l'instinct de jeu. Si la nourriture ou le jouet comptent plus pour lui que d'autres sollicitations, il viendra.

Marcher au pied

L'ordre « Au pied » signifie pour votre chien qu'il doit rester près de vous, à hauteur de votre jambe, la laisse étant souple ; peu importe que vous vous arrêtiez, marchiez lentement, couriez ou changiez de direction. C'est important quand, par exemple, vous êtes en ville ou que des joggeurs, des cyclistes ou autres arrivent en sens inverse.

LA BONNE MÉTHODE Choisissez d'abord de quel côté vous désirez mener le chien pour la marche au pied. Cela peut être aussi bien à droite qu'à gauche, mais à l'avenir, vous devrez toujours conserver le côté choisi. Pour que le chien reste près de vous, vous devez attirer son attention. Placez le chien sur le côté où vous allez le mener et tenez une friandise devant son museau. Par exemple, une friandise tenue dans la main gauche invite le chien à rester sur votre côté gauche. Tenez la laisse dans la main droite – en donnant un peu de mou devant vous. Dès que l'animal s'intéresse de près à la friandise, démarrez d'un pas décidé et relativement rapide. Laissez votre bras gauche pendre de manière souple et décontractée afin que votre chien ne soit pas obligé de sauter pour pouvoir garder le contact avec la main qui tient la friandise. Il peut grignoter et lécher la bouchée en route. Dès que vous démarrez, et pendant que le chien marche à côté de vous, prononcez plusieurs fois l'ordre « Au pied ». Au début, n'effectuez que quelques mètres avec le chiot, ensuite faites-le asseoir et donnez-lui toute la friandise. Adaptez la durée de l'exercice à la capacité de concentration et à l'âge de l'animal. Si, après un peu d'entraînement, le chien marche toujours attentivement au pied, passez à l'étape suivante : ne tenez plus la friandise dans la main, mais laissez seulement la main contre ou dans votre poche de pantalon ou de veste. Avancez d'un pas tout aussi décidé et rapide en l'encourageant de la voix. S'il s'est concentré sans arrêt sur vous pendant quelques mètres, il reçoit une bouchée. Augmentez peu à peu la distance sans l'aide de la friandise.

IMPORTANT Plus tard, dans la vie quotidienne, le chien n'a plus besoin de garder constamment le contact visuel avec vous lorsqu'il marche au pied. Tant que cet exercice n'est pas intégré, vous devez attacher beaucoup d'importance à ce que le chien regarde vers vous. Car c'est uniquement lorsque l'animal se concentre sur vous qu'il saisit ce que vous attendez de lui. Lors de l'entraînement, ne marchez pas toujours en ligne droite, mais effectuez des courbes ou franchissez un obstacle, par exemple un petit tronc d'arbre, ou montez une marche ou deux s'il s'agit d'un chiot. Les chiens plus âgés peuvent, bien sûr, monter plusieurs marches. Si le chien tire un peu pendant l'entraînement, attirez immédiatement son attention d'une voix engageante. S'il veut s'arrêter pour flairer par terre ou faire quelque chose de similaire, ignorez-le et continuez à marcher d'un pas résolu. Votre chien garde continuellement la truffe sur le sol bien qu'il ne soit plus un chiot ? Ou bien il a tendance à trop s'écarter de vous ? Dans ces cas-là, marchez en décrivant, par exemple, des petits cercles de telle sorte que le chien doive marcher à l'intérieur. Ainsi vous le gênez pendant qu'il flaire. Au moment précis où il lève à nouveau les yeux vers vous, félicitez-le ! Un brusque changement de direction peut aussi aider, par exemple lorsque votre chien s'écarte trop de vous et « oublie » que vous êtes présent.

Le faire asseoir

C'est un exercice très important mais, heureusement aussi, l'un des plus faciles à apprendre. Il est utile dans beaucoup de situations que votre compagnon reste sagement assis près de vous, notamment lorsque vous attendez au bord de la chaussée.

LA BONNE MÉTHODE Tenez une friandise au-dessus de la tête du chien. Maintenez votre main à cette hauteur. S'il saute pour l'attraper, fermez votre main afin qu'il ne puisse pas saisir la bouchée, mais gardez la main au-dessus de sa tête. Votre compagnon essaiera probablement divers comportements pour atteindre la bouchée. Ignorez-les. Tôt ou tard, il s'assiéra de lui-même. Lorsque c'est fait, dites « Assis » et donnez-lui sa récompense. Au bout de quelques jours, il a associé la position assise avec la récompense et s'assied sur demande. À présent, apprenez-lui à rester assis près de vous et plus longtemps. Appelez-le à côté de vous en disant « Au pied » (au début, avec une friandise) puis « Assis ». Grattez-lui gentiment le poitrail pour l'inciter à garder la position assise et le calmer (*photo 1, page 15*). Donnez-lui sa récompense, mais pas tout de suite, seulement lorsqu'il est resté assis un moment, donc à la fin de l'exercice. Au fur et à mesure que votre chien progresse, ne lui donnez plus une bouchée qu'occasionnellement.

IMPORTANT Veillez à ne récompenser votre chien que lorsqu'il est véritablement assis, c'est-à-dire lorsque les quatre pattes sont posées sur le sol. Si le chien se relève tout de suite ou s'il lève une patte lorsque vous voulez lui donner sa bouchée, refermez immédiatement votre main. Vous verrez que le chien va vite intégrer à quel moment il reçoit sa friandise. Le faire asseoir est un exercice calme. Cela doit se traduire aussi dans votre langage corporel. C'est pourquoi vous devez veiller à tenir la friandise d'une main sûre et à caresser calmement le chien pour le féliciter. Votre voix doit également être calme.

Lui apprendre à rester couché

C'est aussi un exercice très important. Vous pouvez faire coucher le chien près de vous lorsque, par exemple, vos enfants reçoivent des amis qui ont peur des chiens. Le « Couché » s'apprend dès que le chien maîtrise la position assise.

LA BONNE MÉTHODE Faites asseoir le chien à côté de vous. Tenez une petite bouchée qui le tente juste devant son museau. S'il y « colle » le nez, abaissez-la lentement en ligne droite, devant le chien, jusqu'au sol. Votre compagnon va suivre le trajet de la bouchée avec sa truffe. Une fois au sol, faites glisser lentement la friandise vers l'avant pour inciter le chien à s'allonger. Mais vous pouvez aussi faire passer la bouchée vers l'arrière jusqu'au sol, légèrement à côté de votre compagnon. Dans ce cas, l'animal est obligé de se « tordre » un peu et se retrouve quasiment automatiquement en position couchée. Dès que le chien

our l'exercice « Assis », tenez la friandise ne main sûre au-dessus de sa tête. À un ment, cela devient trop pénible pour le chien.

2 ...et voilà, il s'assoit pour regarder vers le haut plus commodément. Dites-lui alors seulement « Assis » et donnez-lui sa récompense.

LA MARCHE

RENFORCER LA MARCHE AU PIED

Un slalom en forêt est un bon entraînement à la marche au pied. Effectuez des courbes autour des arbres avec votre chien, au besoin avec des friandises (plus tard, sans). Le chien doit rester sciemment tout près de vous, sinon il vous dépasse. Si cela se produit, arrêtez-vous ; votre compagnon se corrigera probablement de lui-même. Dans le cas contraire, attirez-le vers vous, mais de telle façon qu'il doive reculer à nouveau pour rester à vos côtés.

S'EXERCER À LA MARCHE AU PIED

Le chien tenu en laisse souple marche au pied tout près de vous. Peu importe que vous marchiez, couriez, vous arrêtiez ou changiez de direction. La tête ou l'épaule du chien doit se trouver au niveau de votre jambe, ainsi il peut voir où vous allez et à quel rythme. L'essentiel est qu'il relie l'ordre « Au pied » à un côté précis, gauche ou droit, et non tantôt à l'un, tantôt à l'autre.

POUR LES CONFIRMÉS

Pour franchir les obstacles, le chien reste à votre hauteur, au début avec des friandises. La laisse peut être tenue de manière encore plus souple que sur la photo.

est allongé, dites « Couché » et caressez-lui lentement le dos avec votre autre main ; cela l'incite à garder la position dans le calme (*photo 5, page 15*). Au début, le chien reste généralement couché aussi longtemps qu'il a quelque chose à mâcher. Observez-le bien et terminez l'exercice à temps en le faisant de nouveau asseoir, autrement dit avant qu'il ne se relève de lui-même. Comme pour la position assise, vous constaterez après un peu d'exercice que le chien se couche tout seul dès qu'il aperçoit le mouvement de votre main avec la friandise. Si vous dites « Couché » tout en effectuant le mouvement de la main vers le bas, le chien associera les deux et apprendra la signification de ce geste. Là aussi, après une période d'entraînement, il n'est plus nécessaire de lui donner immédiatement une friandise, mais seulement lorsque vous estimez qu'il a gardé la position suffisamment longtemps. Mais donnez-lui toujours sa bouchée avant de le faire de nouveau asseoir. De même, dès que le chien a intégré le « Couché », il ne reçoit plus une friandise à chaque fois.

IMPORTANT Veillez toujours à ne récompenser que la position couchée correcte. L'arrière-train et les coudes doivent être posés sur le sol. Sinon gardez votre main fermée. Récompensez-le de se rasseoir à la fin, uniquement si le chien ne cherche pas à se relever tout de suite, comme c'est souvent le cas. Un ton encourageant ou un mouvement stimulant de votre part (un petit saut ou quelque chose de similaire) sont suffisants. Si, pendant qu'il est allongé, le chien cherche à fouiller dans votre main pour atteindre la friandise, attendez jusqu'à ce qu'il s'arrête un moment. Ensuite seulement, donnez-lui la récompense convoitée.

1 Pour «Couché», tenez la friandise juste devant le museau du chien. Dès qu'il est intéressé, abaissez-la tout près de lui, directement jusqu'au sol.

2 Le chien ne touche sa récompense que lorsque l'arrière-train et les coudes sont vraiment posés sur le sol. Maintenant seulement, dites « Couché. »

« Pas bouger »

Dans la vie quotidienne, il est primordial que le chien apprenne à rester assis ou couché en un lieu précis, du moins quand vous êtes à portée de vue, mieux encore quand il ne peut plus vous voir un bref instant. Si votre animal maîtrise l'exercice, vous pouvez, quand il rentre tout crotté après une promenade, le faire asseoir ou coucher devant la porte pendant que vous allez chercher une serviette. Ou bien lorsque vous êtes dans un café et que vous voulez rapidement vous laver les mains, vous pouvez lui ordonner de se coucher à votre place pendant votre absence.

LA BONNE MÉTHODE Faites asseoir ou coucher le chien à côté de vous. S'il est attentif mais dans un état d'esprit détendu, ordonnez « Pas bouger » en vous plaçant tout près et face à lui, un bref instant seulement au début. La laisse est dans votre main. Maintenant retournez à côté de lui et félicitez-le. Si cela s'est bien passé, répétez l'opération, mais tenez-vous un peu plus longtemps en face du chien. Si cela marche aussi, allongez la distance qui vous sépare d'un bon demi-mètre. Puis augmentez la durée durant laquelle il ne doit pas bouger. Si vous pouvez rester éloigné environ deux minutes ou plus, la laisse étant à sa longueur maximale (la laisse est à présent sur le sol), commencez à aller et venir lentement devant le chien qui se tient couché. Au début, pas trop longtemps, mais augmentez peu à peu la durée. Ensuite vous pouvez allonger la distance entre vous. Avec le temps, cessez d'aller et venir, mais décrivez un demi-cercle. Si le chien reste tranquille, marchez en cercle autour de lui.

VARIANTE : VOUS QUITTEZ SON CHAMP DE VISION Si tout s'est bien passé jusque-là, cachez-vous un bref instant pour qu'il ne vous voie plus. Exercez-vous uniquement quand le chien est en position couchée. Tout d'abord, ne vous éloignez pas trop de lui et ne disparaissez que quelques minutes, par exemple derrière un buisson. Augmentez la durée et la distance comme bon vous semble.

CELA CONTRIBUE À LA RÉUSSITE DE L'EXERCICE

- Ne commencez ces exercices que lorsque votre compagnon est capable de rester gentiment assis ou couché près de vous pendant deux minutes. Il doit être aussi un peu fatigué.
- « Pas bouger » est, comme « Assis » et « Couché », un exercice calme. Par conséquent, donnez l'ordre sans excitation et bougez sans fébrilité.
- Au début, tenez la laisse dans votre main. Mais elle doit toujours être souple. Ainsi, si le chien se relève, vous l'avez rapidement sous contrôle et pouvez ensuite le ramener exactement à la place où il était couché.
- Si votre chien se relève, il est probable que vous vous étiez éloigné de lui trop loin ou trop longtemps. Repensez l'exercice et procédez plus lentement. Autrement dit, augmentez le temps et la distance uniquement par petites étapes.
- Si vous travaillez le « Pas bouger » en position couchée, le chien doit rester allongé jusqu'à ce que vous vous teniez de nouveau à côté de lui et le fassiez asseoir. Parfois peu de temps, parfois plus longtemps.
- Pour lever l'ordre, allez chercher votre chien, ne l'appelez jamais à vous. Plus tard, il tiendra la position sans difficulté jusqu'à votre retour, même au milieu de sources de distraction. À partir d'« Assis et pas bouger », vous pouvez à l'occasion l'appeler à vous, mais seulement au bout de quelques semaines, lorsque l'exercice est acquis.

Comme toujours avec le rappel, il doit s'asseoir directement devant vous. Ensuite menez-le de nouveau à votre côté avec « Au pied ».

› Récompensez le chien d'avoir tenu la position par des caresses ou des compliments. Mais faites-le seulement lorsque vous êtes de nouveau près de lui. Si vous vous éloignez avec une friandise dans la main ou s'il vous voit fouiller dans votre poche au retour, il aura du mal à garder la position.

Marcher en laisse souple

Lorsque vous êtes dehors avec votre chien tenu en laisse, il n'est pas toujours obligé de marcher au pied correctement. Néanmoins, il ne doit en aucun cas tirer sur la laisse. En effet, les animaux bien éduqués restent souvent d'eux-mêmes au pied lorsqu'ils sont tenus en laisse. Les jeunes chiens ont généralement tendance à tirer. Ils doivent d'abord apprendre à marcher en laisse souple.

LA BONNE MÉTHODE Un chiot ne peut pas encore marcher au pied sur de grandes distances. Mais pour qu'il ne s'habitue pas à tirer, vous ne devez pas lui en fournir l'occasion. Aussi évitez les longs trajets en laisse. Le mieux est de porter le chiot ou de l'emmener en voiture soit jusqu'à un terrain où il peut marcher. Si le chien marche en gardant de lui-même la laisse souple, profitez-en toujours pour y associer un ordre oral – par exemple « Doucement » – et le féliciter avec des compliments. S'il tire, arrêtez-vous sans faire de commentaire et attendez que l'animal fasse quelque chose pour que la laisse redevienne souple. Reprenez alors votre marche. Dès que la laisse se tend à nouveau, arrêtez-vous. Le chien apprend ainsi qu'il n'avance pas en tirant. Une autre méthode, pour les jeunes chiens plus âgés et les chiens adultes, consiste à changer de direction brusquement et sans commentaire dès que l'animal commence à aller trop loin vers l'avant. Mais changez de direction avant que la laisse ne soit tendue. Le chien reçoit ainsi une secousse légère sur la laisse, qui lui rappelle que vous êtes encore là et qu'il doit faire plus attention à vous. Mais adaptez l'action avec la laisse à votre chien. Vous ne devez en aucun cas tirer brutalement sur la laisse.

IMPORTANT Le meilleur moyen pour que le chien ne tire pas est de l'empêcher dès le début d'y parvenir. Cela signifie que vous ne devez pas laisser le chien vous tirer, même l'espace d'une seconde, pour aller vers un congénère, une marque odo-

Même quand le chien n'est pas tenu de marcher au pied, il doit garder la laisse souple. S'il fait cela, dites « Doucement » et félicitez-le d'une voix calme.

rante ou autre chose ! Vous devez y veiller très scrupuleusement et en connaissance de cause.

Attirer son attention

Si votre animal est sollicité par des sources de distraction, mais que vous désirez, par exemple, qu'il se couche, il est probable qu'il n'entendra pas votre ordre verbal. Surtout s'il n'est pas encore assez éduqué. Aussi, il peut être utile d'avoir un signal avec lequel vous pouvez attirer son attention. Car ce n'est que lorsqu'il vous regarde qu'il comprend ce que vous attendez de lui.

LA BONNE MÉTHODE Attirez l'attention du chien en lui parlant sur un ton intéressant. Prenez une friandise en la tenant sur un axe situé entre la tête du chien et votre visage. Si le chien regarde la friandise, il porte automatiquement les yeux sur votre visage. Au début, il reçoit la petite bouchée s'il ne vous a pas quitté des yeux pendant seulement quelques secondes. Avec le temps, allongez la durée du contact visuel. Ensuite donnez la récompense dès que le chien vous regarde suffisamment longtemps et de façon continue. Si cela marche au calme, exercez-vous ensuite en soumettant votre compagnon à de plus en plus de distractions.

IMPORTANT Concevez l'exercice de façon à ce que l'animal soit récompensé tant qu'il vous regarde sans interruption. Aussi n'allongez pas trop la durée. Veillez au ton de votre voix. Un « Regarde » prononcé sur un ton délibérément engageant sera bien plus efficace que de répéter mécaniquement le nom du chien à plusieurs reprises.

Le faire asseoir lorsqu'il est loin

Cet exercice est très utile lorsque vous devez vite stopper votre chien parce qu'un cycliste approche et que l'animal risque de croiser sa route si vous le rappelez. Vous pouvez commencer cet apprentissage dès que vous avez terminé l'entraînement de votre chiot et qu'il obéit toujours sans délai à l'ordre « Assis ». Pour cet exercice, il est important qu'il ne se contente pas de s'arrêter mais qu'il s'assoie. Il est ainsi « fixé » à un endroit précis : vous pouvez mieux le contrôler et il se concentre davantage sur vous.

LA BONNE MÉTHODE Quand vous dites « Assis » à votre chien, levez distinctement le bras à chaque fois et donnez un long coup de sifflet avec le sifflet de dressage. Entraînez d'abord le chien à s'asseoir avec le signe de la main et le coup de sifflet lorsqu'il est tout près de vous. Dès qu'il s'assoit spontanément à l'audition du coup de sifflet et sur votre signe de la main (donc dès qu'il a compris), renforcez l'exercice. Maintenant,

Si vous avez stoppé le chien, vous devez aller le chercher. Il apprend ainsi à garder la position.

« PAS BOUGER »

« PAS BOUGER » 1

Avec cet exercice, le chien apprend, en étant assis ou couché, que vous n'êtes pas à côté de lui mais devant. Éloignez-vous d'abord un petit peu pendant un bref instant ; augmentez petit à petit la durée et la distance. Prononcez l'ordre quand vous démarrez. La laisse doit toujours être souple afin que le chien ne ressente pas de traction vers l'avant. Restez calme mais concentré. Mettez fin à l'exercice quand votre chien est encore totalement détendu.

« PAS BOUGER » 2

Dès que vous pouvez aller plus loin, posez la laisse sur le sol. Si le chien se relève, vous avez un « frein d'urgence ». Maintenant, allez et venez devant l'animal (qu'il soit en position assise ou couchée). Allongez progressivement la durée et la distance (y compris les allées et venues). Déplacez-vous sans nervosité et mettez fin à l'exercice quand le chien reste tranquille.

PAS BOUGER » AU QUOTIDIEN

n entraînement minutieux permet à coup sûr atteindre cet objectif. Madame choisit des eurs tandis que son chien l'attend couché, portée de vue. Mais faites coucher le chien ans laisse uniquement si vous êtes loin d'une ue très fréquentée.

attendez un peu qu'il s'éloigne de vous de trois ou quatre mètres, calmement, sans être soumis à des distractions. Attirez alors son attention d'une voix engageante « dosée » – juste pour qu'il s'arrête et regarde vers vous. Prononcez distinctement l'ordre « Assis », levez le bras et, au besoin, faites un pas vers lui. S'il s'assoit, allez rapidement vers lui, calmement, félicitez-le chaleureusement : friandise ou jouet en récompense. Si cela se passe bien à cette courte distance, creusez peu à peu l'écart qui vous sépare du chien. La pratique aidant, vous n'avez plus besoin d'attirer son attention auparavant. Dès que le chien s'assoit lorsqu'il est loin, pratiquez l'exercice en le soumettant à de plus en plus de distractions. Mais réduisez d'abord la distance qui vous sépare du chien.

IMPORTANT Augmentez graduellement les difficultés, sinon l'obéissance du chien ne sera pas fiable. Récompensez-le toujours lorsqu'il a bien exécuté l'exercice, il apprend alors non seulement à s'asseoir lorsqu'il est loin, mais il se retournera toujours en même temps et entrera en contact visuel avec vous.

Lui apprendre à « donner »

Vous souhaitez que votre chien restitue ou lâche, sur un ordre précis, ce qu'il tient dans la gueule. Il peut s'agir de la balle qu'il vous apporte, mais aussi, par exemple, d'un jouet d'enfant auquel il ne doit pas toucher. « Fini » n'est pas un mot d'interdiction mais une façon normale de clore un exercice.

LA BONNE MÉTHODE Votre compagnon tient dans la gueule un objet dont il n'aurait pas dû se saisir. Attirez-le vers vous d'une voix engageante. Proposez-lui en échange son jouet ou une bouchée particulièrement appétissante. Il lâchera ainsi ce qu'il tient entre ses dents. À cet instant, dites « Fini. » Vous pouvez aussi recourir à ce troc astucieux lorsque votre chien s'amuse à courir derrière sa balle, mais qu'il ne vous la rapporte pas et veut prendre le large avec elle. Une autre méthode consiste à dire « Fini » à chaque fois que le chien lâche de lui-même quelque chose, et ensuite à le féliciter. Si votre animal ne cherche pas à s'enfuir avec sa « proie » ou à la défendre, vous pouvez aussi tranquillement lui retirer l'objet de la gueule en disant « Fini », et le féliciter après.

Si le chien ne donne pas son jouet, offrez-lui en échange une friandise. Il se laisse alors convaincre et c'est ainsi qu'il apprend.

…que l'animal est complètement absorbé …une occupation, il ne prêtera pas attention …exercice que vous voulez lui faire faire.

Aussi devez-vous attirer son attention grâce à un ton engageant et avec l'aide d'une friandise. Dès que le chien vous regarde, donnez-lui sa récompense.

IMPORTANT Ne courez jamais après le chien lorsqu'il doit rendre quelque chose. Car vous lui communiqueriez le sentiment qu'il doit mettre sa proie en sécurité très rapidement puisque manifestement vous la lui disputez. De toute façon, vous n'attraperiez pas le chien.

Mettre et enlever la laisse

Votre chien doit s'asseoir quand vous lui mettez ou enlevez sa laisse.

LA BONNE MÉTHODE Dès que votre chien obéit à « Assis », faites-le asseoir près de vous pour lui mettre ou lui enlever sa laisse. Si vous la lui avez ôtée, il doit rester encore sagement assis jusqu'à ce que vous mettiez fin à l'exercice avec un ordre tel que « Fini » ou « Va jouer » (*p. 25*). L'idéal est qu'il ne vous quitte pas des yeux avant que vous ne prononciez l'ordre de fin d'exercice. Ainsi la permission de jouer le récompense d'être resté sage et d'avoir fait attention à vous. Mais si vous lui retirez sa laisse quand il se met à tirer avec excitation, parce qu'il vient de voir un camarade de jeu, vous savez désormais ce que vous récompensez dans ce cas-là...

IMPORTANT Tant que vous n'êtes pas sûr que l'animal reste assis une fois la laisse ôtée, tenez-le encore « discrètement » par le collier, autrement dit sans qu'il le remarque. S'il veut démarrer, vous pouvez ainsi le freiner très simplement et efficacement.

Le chien au quotidien

Vous connaissez certainement des gens qui, à cause de mauvaises expériences, ont peur des chiens. Hélas, ces incidents sont souvent la conséquence du comportement irréfléchi des propriétaires de chiens. Aidez-nous à redorer notre image et rendez votre chien apte à la vie quotidienne. C'est tout simple.

PRÉVENANCE DANS LES RAPPORTS AVEC LES AUTRES

Vous vous êtes occupé intensément de l'éducation de votre chien. Peut-être avez-vous même suivi un cours dans une école pour chiens ou un club. Mais méditez ceci : il faut continuer à travailler les notions acquises, et ceci principalement dans votre vie quotidienne. Et c'est à cela que vous servent en tout premier lieu les exercices du chapitre « L'éducation de base ». En réalité, on n'en a jamais fini avec l'entraînement, car pour que tout fonctionne toujours bien, vous devez maintenir l'apprentissage à un certain niveau par un entraînement continu. Vous devez avant tout empêcher que des imprécisions s'insinuent peu à peu dans chaque exercice. Il n'est pas nécessaire de prévoir du temps en plus pour cela, car vous pouvez vous exercer n'importe où. Un tour en ville de même que les sorties quotidiennes ou le trajet jusqu'à la boulangerie conviennent parfaitement. Si vous rencontrez des propriétaires de chiens dans les mêmes dispositions que vous, profitez-en pour faire en commun une petite séance d'entraînement.

Cela va mieux avec de bonnes manières

L'expérience montre que tout le monde n'aime pas les chiens. Et en tant que propriétaire de chien, on doit aussi accepter cela. Si votre quadrupède poursuit les joggeurs ou les cyclistes, s'il saute sur les gens, se soulage devant la maison ou hurle tant qu'il peut quand il est seul, cela ne contribue pas à redorer l'image des propriétaires de chiens. De plus, beaucoup de ces situations peuvent aussi être dangereuses pour l'animal. Des conflits peuvent surgir non seulement entre propriétaires et non-propriétaires de chiens, mais aussi entre propriétaires de chiens. Avec un peu plus d'égards des deux côtés, on évite bien des litiges.

EXERCICES AU QUOTIDIEN

Ne pas sauter sur les gens

Les chiens saluent ou apaisent les membres de rang plus élevé en leur léchant le museau. C'est la raison pour laquelle beaucoup d'entre eux, essentiellement les chiots ou les jeunes chiens, essaient d'atteindre notre visage. Mais certains sautent aussi simplement pour attirer l'attention sur eux. Et malheureusement, ils y parviennent. Il existe trois stratégies qui permettent de corriger ce comportement.

LE PRIVER D'ATTENTION Si votre compagnon n'obtient à la longue aucun succès avec son comportement, il cessera de sauter tôt ou tard. La moindre attention, même un « Non », est un « succès » pour le chien. Lorsqu'il s'apprête à sauter sur vous, tournez-vous à chaque fois à 180° et sans commentaire. Peu importe ce qu'il essaie de faire et combien de temps cela dure. Ne vous tournez de nouveau vers votre chien – avec un calme voulu – que lorsqu'il est resté tranquille quelques minutes et qu'il a fini de sauter.

NE PAS FOURNIR L'OCCASION Vous pouvez aussi l'empêcher de réussir à sauter en avisant tous les membres de la famille et visiteurs de se détourner délibérément dès que le chien pose les pattes sur l'un d'eux. Lorsque vous rencontrez des inconnus en promenade, contournez le problème en mettant le chien en laisse en temps voulu.

EXIGER UN COMPORTEMENT ALTERNATIF Si votre chien a déjà un certain niveau de formation et qu'il n'est pas trop « survolté », vous pouvez, avant qu'il ne s'apprête à sauter, exiger un comportement alternatif, en disant par exemple « Assis ». S'il s'exécute, félicitez-le, toujours avec un calme délibéré.

Si votre chien veut mendier, traitez-le comme s'il n'existait pas. Avec le temps, il s'apercevra que son comportement n'est pas payant et il abandonnera.

L'empêcher de mendier

Mendier à table est généralement un problème domestique. Beaucoup de propriétaires pensent que leur chien cessera de mendier dès qu'il aura reçu une bouchée. Mais c'est une illusion, car quel chien dédaignerait une bouchée de la table familiale, qu'il soit rassasié ou non ? Au lieu de cela, l'animal apprend qu'il obtient ce qu'il veut simplement en insistant suffisamment. Il va donc recommencer à mendier, et avec plus d'insistance. Mais il existe quelques méthodes de dissuasion.

NE PAS FAIRE ATTENTION À LUI Si le chien est assis près de votre table, avec un regard suppliant, pendant que vous mangez, ignorez-le totalement. Ne dites rien, ne regardez pas le chien et ne faites aucun mouvement dans sa direction. Au bout d'un moment, il s'apercevra que son air malheureux ne vous fait – heureusement ! – pas fondre, et il se couchera ou se retirera. Procédez ainsi chaque fois qu'il essaie de mendier. C'est la seule façon d'obtenir une réussite durable.

L'ATTACHER Votre animal se conduit mal : est-il dressé avec les pattes avant sur la table ? aboie-t-il en permanence ou vous importune-t-il au point de vous empêcher de manger en paix ? Dans ces cas-là, vous pouvez également essayer de l'ignorer, ou bien attacher l'insoumis près de vous, par exemple au radiateur, sans commentaire, ou encore le mettre dans sa cage de transport à proximité. Ensuite, ne prêtez plus attention au chien. Manifestez-lui de l'affection après le repas s'il se tient tranquille.

Si le chien saute, détournez-vous de lui sans commentaire ni aucun mouvement dans sa direction. Ainsi son comportement n'aura aucun succès.

ÉVITER LES SUCCÈS INDÉSIRABLES

Aucun succès

Pour tordre le cou aux mauvaises habitudes, telles que sauter sur les gens ou mendier à table, il est primordial, comme pour toutes les choses qui doivent être traitées par l'indifférence, que le chien n'ait plus aucun succès indésirable. Car plus tard, quand il posera ses pattes sales sur les gens, surtout s'il est de grande taille, ou son museau sur une assiette, personne ne trouvera cela drôle ou gentil.

Ne pas faire attention à lui

Pour le chien, un contact visuel ou un mouvement dans sa direction peuvent déjà être un « succès ». Restez ferme et essayez d'expliquer votre attitude à votre famille et à vos amis.

Mais ne l'enfermez jamais dans une autre pièce. Il doit apprendre à se conduire correctement dans une telle situation.

LE FAIRE COUCHER Si votre chien est obéissant, faites-le coucher, à chaque fois que vous mangez, à quelques mètres de la table en lui ordonnant « Couché et pas bouger. » Mais n'oubliez pas de lever l'ordre après le repas !

NE PAS LE FAIRE NOURRIR Vous n'aimeriez pas que votre chien aille quémander auprès de tout un chacun ; alors, dès le début, empêchez que des inconnus lui donnent à manger. Même si c'est « une toute petite friandise » !

RÉPRIMER L'INSTINCT DE CHASSE

En chaque chien sommeille un chasseur. Mais l'instinct de chasse et de proie n'est pas marqué de la même façon chez tous les chiens. Les chiens de chasse comme les chiens d'arrêt (par exemple, le Braque de Weimar ou le Setter) ou les chiens courants ou de sang (notamment le Braque allemand ou le Beagle) ainsi que les chiens de garde (comme le Berger allemand ou le Border collie) ont souvent un instinct de chasseur prononcé, mais il n'y a pas qu'eux. Le mieux est de prévenir le problème dès le début plutôt que d'avoir à le corriger par la suite. Et ce n'est pas simple, car chasser est un comportement gratifiant. Cela veut dire que le chien n'a pas besoin de faire du butin pour renforcer son instinct de chasseur. Suivre une trace ou un objet qui se déplace rapidement est pour lui une telle fête qu'il recommencera dès qu'il aura goûté une fois à cette expérience sensationnelle. Aussi évitez que votre chien fasse ce genre de découverte. Les objets chassés ne sont pas uniquement des animaux tels que les oiseaux, les chats, les lièvres, etc. Joggeurs, cyclistes, cavaliers et voitures sont aussi pourchassés. Choisissez parmi les mesures préventives

« Bon chien ! » Le chien lève les yeux vers sa maîtresse, la joggeuse peut courir sans être importunée. Dès qu'elle est suffisamment loin, on donne la récompense.

qui suivent les plus appropriées pour vous et votre chien. Tant que vous n'êtes pas sûr de son obéissance, tenez-le en laisse dans les zones giboyeuses.

L'OCCUPER SUFFISAMMENT Plus un chien a un excédent d'énergie, plus il sera prompt à réagir aux stimulations qui lui permettent de se dépenser. Aussi, devez-vous toujours veiller à exiger suffisamment de votre compagnon. Pour cela, il faut lui occuper l'esprit et lui procurer suffisamment de mouvement (*p. 21*).

FAIRE DIVERSION Si vous voyez des « proies » potentielles, par exemple des corneilles dans un champ, vous pouvez distraire votre chien avec son jouet préféré. Provoquez-le à un jeu de traction, ou, s'il aime rapporter, lancez-lui l'objet dans la direction opposée à celle des oiseaux. Rendez-vous aussi intéressant que possible pour votre chien afin qu'il préfère rester auprès de vous plutôt que de pourchasser les oiseaux.

TRAVAILLER UN COMPORTEMENT ALTERNATIF Le sens de cet exercice est de communiquer au chien un message du genre « quelque chose bouge, donc je vais vers mon maître » au lieu de « quelque chose bouge là-bas, courons vite voir ». Si, par exemple, un joggeur s'approche, faites asseoir votre chien près de vous. Invitez-le à ne pas vous quitter des yeux, et ce jusqu'à ce que le joggeur se soit suffisamment éloigné. Ensuite, le chien reçoit sa petite bouchée. S'il n'arrive pas à se concentrer assez longtemps, donnez-lui plusieurs petites friandises.

RENFORCER L'OBÉISSANCE Le meilleur moyen de contrôler le chien lorsqu'il est soumis à une foule de sollicitations est une obéissance sans faille. Avant tout, il doit obéir au rappel, sur ordre ou au sifflet (*p. 49*). Il est aussi très utile qu'il sache s'asseoir lorsqu'il est loin (*p. 59*), car il est souvent plus facile de le stopper que de lui faire rebrousser chemin. Utilisez pour l'entraînement la présence de « proies » potentielles. Cherchez un sentier sportif avec des joggeurs ou un étang avec des canards, une ferme avec des poules, etc., selon ce qui attire particulièrement votre chien (demandez auparavant la permission de vous exercer à cet endroit). Travaillez, avec le chien en laisse, les différents exercices d'obéissance. Mais gardez une distance suffisamment grande par rapport à la « proie » pour que le chien puisse bien se concentrer sur vous. Avec le temps, réduisez la distance. Si votre chien aime rapporter un jouet, ne le laissez pas détaler dès que vous avez lancé un objet ; il doit rester assis jusqu'à ce que vous l'envoyiez le chercher. Ou bien marchez d'abord un peu de long en large avant de l'autoriser à aller chercher sa balle.

CONSEILS D'EXPERT

Le chien en public

Toujours en laisse

Tenez votre chien en laisse dans les endroits où il y a beaucoup de monde. Par exemple, dans une zone piétonne, au restaurant, etc. Dans les rues aussi, vous devez l'attacher – même s'il est bien éduqué. Un chien n'est pas un robot et, si une odeur le détourne subitement ou si un chat traverse la rue, il peut facilement passer sous les roues d'une auto. Les voitures ne sont pas assimilées à un danger dans l'instinct de l'animal, c'est pourquoi les chiens ne font pas attention à elles.

En voiture

Si vous emmenez le chien avec vous en voiture, il doit apprendre dès le début à ne monter et surtout à ne descendre que sur votre ordre, même si la portière ou le hayon sont ouverts. Soyez ferme, pour sa propre sécurité. S'il fait un « faux départ », remettez-le immédiatement dans la position initiale.

Considération

Traitez avec égards les gens qui n'ont pas de chien. Les « Il ne fait rien » ou « Il veut seulement jouer » sont vains lorsque quelqu'un a peur ou n'a pas envie du contact avec un chien. Rappelez votre chien à temps.

RÉDUIRE LES PEURS

Tous les chiens n'ont pas une résistance égale face aux aléas de la vie quotidienne. Certains ont, par nature, des nerfs fragiles ; d'autres manquent d'assurance en raison d'un défaut d'expérience ou de mauvaises expériences. Un chien peut être sensible au bruit, être troublé à la vue de choses qui le surprennent ou être craintif vis-à-vis des humains. De tels problèmes peuvent surgir aussi bien chez les chiots que chez des chiens plus âgés. Si cette fragilité n'est pas trop prononcée et si elle est récente, vous pouvez modifier le comportement du chien en l'habituant progressivement à la situation qui le perturbe.

NE PAS RÉCOMPENSER LA PEUR Lorsque le chien a peur d'un bruit ou, par exemple, d'une feuille qui voltige, la plupart des propriétaires de chiens réagissent automatiquement en caressant ou en plaignant le « pauvre » animal pour le calmer. Mais attention : votre chien interprète ce comportement comme un compliment, ce qui a pour effet de le conforter dans sa peur.

LA PEUR DES HUMAINS Si votre animal ne s'intéresse pas aux inconnus ou s'il les évite, vous devez veiller à ce qu'aucun contact ne lui soit imposé. Beaucoup de chiens n'aiment pas les caresses sur la tête surtout d'en haut. Les visiteurs feront bien de laisser tranquilles de tels chiens. Si par la suite le chien prend l'initiative d'entrer en contact, le visiteur peut y répondre sans nervosité et sans être trop exubérant. Les jeunes chiens, en particulier, peuvent éprouver de la défiance vis-à-vis de personnes isolées qui surgissent ou qui ont une apparence insolite. Par exemple, si quelqu'un vient, une capuche sur la tête, et que le chien aboie dans sa direction, le poil hérissé, détournez son attention et faites-lui comprendre qu'il n'a pas besoin de s'énerver. Ou bien discutez, si c'est possible, de façon décontractée avec « l'étrange apparition », sans prêter attention au chien. Il remarquera ainsi qu'il n'y a là aucun danger.

LES OBJETS « SUSPECTS » Si certains objets inquiètent votre chien, comme par exemple un tonneau peint dans une couleur inhabituelle ou une balle de foin dans un champ, encouragez-le calmement à explorer l'objet avec vous, ou du moins à s'en approcher un peu. Si c'est possible, vous pouvez l'aider en posant une friandise sur l'objet en question. S'il ne parvient pas à surmonter sa peur, essayez une autre fois avec une petite bouchée particulière ou bien à un moment où il a un peu plus d'appétit. Si l'objet ne peut être exploré, restez à proximité et distrayez le chien avec un jeu. Ne poursuivez votre chemin que lorsqu'il se détend.

LES BRUITS Si votre animal est impressionné par certains bruits inhabituels, par exemple par le passage d'un train ou lorsque vous marchez le long d'une route très fréquentée, familiarisez-le petit à petit avec ces bruits. Tout d'abord, restez loin de la source du bruit, suffisamment loin pour que votre chien se détende sensiblement. Ensuite, donnez-lui quelques petites bouchées. Répétez l'opération pendant quelques jours. Si le chien reste calme, réduisez la distance qui vous sépare de l'origine du bruit. En suivant ce principe, vous vous approcherez petit à petit de la source du bruit.

LA PEUR DES SEMBLABLES Plus d'un chien a peur de ses semblables, même s'ils sont pacifiques. Le cas s'observe parfois chez le chiot au sein d'un groupe de chiots. Le mieux à faire est de vous occuper de l'autre chien ; votre animal verra alors qu'il n'est pas dangereux et osera petit à petit entrer en relation. Si votre chiot fait plutôt partie des « poules mouillées », vous devez veiller, dans un groupe de chiots, à ce qu'il ne soit pas assailli par trop de chiots en même temps et à ce qu'il ne soit pas continuellement brimé. Que le peureux soit un chiot ou un chien plus âgé, donnez-lui la possibilité de rencontrer des congénères paisibles et conciliants. Votre attitude calme et bienveillante est un atout.

1 UN SOL INCONNU

Si votre chiot a peur des sols qu'il ne connaît pas, incitez-le à marcher dessus avec des friandises et un ton encourageant. Marchez dessus vous aussi, cela aide également. Ne le forcez jamais – par exemple, en tirant sur la laisse –, cela renforcerait son manque d'assurance. Le chiot doit marcher sans laisse ou bien tenu en laisse très souple.

2 LE FAMILIARISER AVEC LES BRUITS

Certains chiots sont sensibles aux bruits. Si un son fait peur à votre petit, comme celui de ce flûtiau, posez l'objet sur le sol et faites-le rouler un peu deçà, delà. Dès que le petit chien se détend de nouveau, répétez le bruit. Dès le premier essai, adaptez l'intensité sonore à la nature de votre chien.

3 LA PEUR DES SEMBLABLES

Votre chien n'est pas très rassuré face à un autre chien, bien que celui-ci soit pacifique. Si vous vous occupez amicalement et de façon détendue de l'autre chien, votre animal déduira de votre attitude qu'il ne doit pas avoir peur. Peu à peu, il entrera en contact avec lui. En revanche, le « consoler » ne ferait que renforcer sa réticence.

ÉVITER LES CONFLITS

Les rencontres avec les semblables

Lors des promenades, il n'est pas rare de faire des rencontres fâcheuses avec d'autres chiens et leurs maîtres, qui pourraient être évitées facilement grâce à quelques règles de conduite.

UN CHIEN EST EN LAISSE Si vous croisez un chien tenu en laisse ou qui visiblement ne court pas librement, passez aussi la laisse à votre chien ou débrouillez-vous pour qu'il reste près de vous. Même si votre chien ne fait rien ou s'il désire seulement jouer avec l'autre. Il y a sûrement des raisons pour que l'autre animal soit attaché. Il est peut-être malade, en chaleur, peu accommodant ou il s'entraîne précisément avec son maître. Si vous tenez votre chien en laisse pour des raisons semblables et qu'un chien qui court librement vient à votre rencontre, priez son propriétaire de l'appeler à lui. Deux chiens attachés ne doivent avoir aucun contact entre eux. Une bagarre peut vite se produire – il en résulte que l'animal s'habitue à avoir un comportement agressif lorsqu'il est tenu en laisse. De plus, il apprend à tirer sur la laisse et il essaiera peut-être d'entrer en contact avec chaque congénère. Cela peut devenir très pénible. En revanche, entraînez votre chien à passer à côté de ses semblables tout en se concentrant quand même sur vous. Il ne doit pas jouer avec chaque chien. Car il fait alors rapidement la relation « autre chien égale action », et vous n'existez plus. Très vite, vous avez un animal qui n'obéit que lorsqu'aucun congénère n'est à portée de vue.

S'ENTRAÎNER ENSEMBLE Si vous allez vous promener avec un ou plusieurs propriétaires de chiens, vous pouvez très bien pratiquer avec lui, ou avec eux, quelques exercices en commun. Par exemple, dès le début de la promenade et juste

Si le chien saute, détournez-vous de lui sans commentaire ni aucun mouvement dans sa direction. Ainsi son comportement n'aura aucun succès.

avant que les chiens ne se saluent. Ensuite, les chiens peuvent jouer un peu ensemble, puis on s'entraîne de nouveau pendant quelques minutes. Ce n'est, certes, pas aussi agréable qu'une pure promenade d'agrément, mais c'est très utile.

RENCONTRE AVEC DES CHIENS NON TENUS EN LAISSE Cela se passe d'ordinaire sans histoire. Si votre chien marche librement et qu'un autre chien, non tenu en laisse, arrive en sens inverse, et si l'autre propriétaire ne s'apprête pas à attacher son animal, continuez simplement votre route. Si les chiens essaient de s'impressionner, c'est normal. Poursuivez et ne serrez pas les animaux. Plus l'espace est étroit et plus vous êtes près des chiens, plus le risque est grand que la situation s'envenime.

AGRESSION EN LAISSE Si votre chien réagit avec agressivité quand il est attaché, il est primordial que vous restiez détendu. Tendez la laisse dès l'approche d'un congénère pour « alerter » votre chien. Détournez son attention (avec une friandise ou un jouet) et passez vite votre chemin en gardant votre distance par rapport à l'autre chien. N'autorisez aucun contact à votre chien en laisse, ne lui ôtez pas sa laisse pendant qu'il se montre agressif et ne le caressez pas pour le « calmer » !

Les raisons de la colère

Personne n'aime marcher dans une crotte de chien, même pas les propriétaires de chiens.

Lorsque des distributeurs de sacs sont mis à disposition, utilisez-les. Débarrassez-vous ensuite des sacs pleins dans une poubelle normale.

Les besoins des quadrupèdes sont toujours un sujet d'irritation. Il serait pourtant facile d'y remédier si les maîtres faisaient disparaître les excréments de leurs protégés, du moins à certains endroits. Dans de nombreux lieux et villes, on reçoit une amende si on ne le fait pas. Si vous ne voulez pas prendre de risque, ramassez systématiquement les déjections de votre chien.

PRÉVOIR LES SORTIES Si vous emmenez le chien en ville ou dans des zones similaires, permettez-lui auparavant de faire une sortie hygiénique. Dans tous les cas, munissez-vous de quelques sacs en plastique pour pouvoir éliminer aussitôt les éventuelles bêtises. Les animaleries proposent des kits spéciaux de nettoyage. Dans certaines régions, des distributeurs de sacs sont mis à disposition dans le même but. Utilisez-les.

IL EST INTERDIT DE S'Y SOULAGER Les aires de jeux pour enfants, les jardins devant les maisons (y compris ceux des propriétaires de chiens), les trottoirs, les rues, les cours d'école, les zones piétonnes, les pelouses et autres zones semblables ne sont en aucun cas des W-C pour chiens. De même que les jardins publics et les espaces verts plus petits dans les zones résidentielles. Dans les régions densément peuplées, il y a souvent peu de sentiers de promenade, si bien qu'ils sont très fréquentés. Les « petits tas » se concentrent naturellement là aussi. Cela porte atteinte aux surfaces agricoles voisines, car les crottes des chiens polluent de grandes quantités d'herbe lors du fauchage et le bétail ne peut évidemment plus brouter cette herbe. D'où l'interdiction de laisser courir les chiens librement. Si votre animal s'est soulagé sur un pré utile, ramassez. Vous redorerez l'image des propriétaires de chiens.

LUI APPRENDRE À RESTER SEUL

Même si votre chien est ravi de vous suivre partout, il arrive parfois que cela soit impossible, et il doit alors apprendre à rester seul chez vous. Cela ne pose aucun problème à la plupart des chiens lorsqu'on les habitue petit à petit à cette situation. Mais vous ne devez pas laisser votre chien seul trop longtemps. En aucun cas, vous ne pouvez exiger cela de lui plus d'une demi-journée, c'est-à-dire cinq à six heures.

LA BONNE MÉTHODE Tout d'abord, il est important que votre chien supporte que vous vous éloigniez de lui un bref instant dans la maison. Par exemple, il ne doit pas vous suivre dans la salle de bains ou à la cave. S'il proteste, ignorez-le jusqu'à ce qu'il se calme. Mais généralement, cela fonctionne sans problème. À l'étape suivante, vous pouvez quitter votre logis pour quelques minutes. Allez, par exemple, chercher le courrier et restez dehors encore quelques minutes. Puis revenez. Allongez peu à peu la durée de vos absences et rapportez éventuellement quelques petits pains de la boulangerie. Si cela s'est bien passé à plusieurs reprises, absentez-vous une petite demi-heure pour faire des courses. Si vous avez progressivement habitué votre chiot à la solitude, il peut, dès l'âge de six mois, rester seul pendant trois à quatre heures. Associez votre départ à un ordre précis, par exemple « Attends ». N'en dites pas plus. C'est simplement le signal que vous vous apprêtez à le quitter. Évitez les scènes d'adieu et d'embrassade, car cela lui rend la solitude plus pénible.

IMPORTANT Un chiot ne doit pas être laissé seul plus de quelques minutes. Plus il est jeune, plus son instinct de suivre « sa meute » est prononcé, et plus il se sent « menacé » lorsqu'il est seul. Si, en plus, quelque chose lui fait un peu peur (un bruit fort, par exemple), il peut arriver dans le pire des cas qu'il supporte mal la solitude aussi plus tard. La plupart des chiens restent seuls en voiture dès le début, sans que cela pose de problème. Commencez quand l'animal est encore un chiot. Si vous êtes en route et que vous entrez un bref instant dans un magasin (mais pas pour les courses de fin de semaine, ni par grosse chaleur), dites-lui « Attends » en descendant de voiture, rien de plus. Si le chien voyage en voiture dans une cage de transport, ou s'il dort dans la cage à la maison, vous pouvez commencer par utiliser celle-ci chez vous pour lui apprendre à rester seul lors de brèves absences. Ainsi, il est dans un environnement familier, agréable, qui évoque le calme, et de plus il ne peut pas faire de bêtises. Mais la cage n'est pas faite pour que le chien y passe plusieurs heures. Avant de laisser votre chien seul, il est bon qu'il puisse s'ébattre et se défouler. Pour l'occuper pendant votre absence, vous pouvez lui donner quelque chose à grignoter. S'il n'est pas dans la cage, limitez le périmètre de votre compagnon. Quand il est seul, il ne doit pas avoir accès à toutes les pièces. Le vestibule ou l'entrée suffisent. Enlevez par précaution toutes les choses dont il ne doit pas se saisir ou qui peuvent même être dangereuses pour lui. Lorsque vous partez, ne dites pas « Pas bouger » au cas où vous utiliseriez cet ordre pour entraîner votre chien aux exercices des pages 57-61. Votre animal resterait alors exactement à la place que vous lui avez assignée jusqu'à votre retour. Cela n'aurait aucun sens, et vous ne pourriez pas le corriger s'il quittait sa place.

Même si la solitude n'est pas naturelle pour un animal de meute comme le chien, il doit apprendre à rester seul.

LE CHIEN AU JARDIN

Un jardin ne remplace ni les activités avec le chien ni les sorties.
Par conséquent, réfléchissez aux points suivants :

Jamais seul

Ne laissez jamais un chien jeune et/ou très actif longtemps seul dans un jardin.

Clôturer

Clôturez les parterres, mares et autres coins auxquels vous tenez, au moins pendant les premiers mois. Ainsi le chien n'a pas l'occasion d'apprendre qu'il peut s'y amuser.

Seulement à la maison

Si le chien doit rester seul, c'est toujours dans la maison. Ainsi rien ne pourra lui arriver.

Si le chien reste trop longtemps, trop souvent ou n'a pas assez d'occupation dans le jardin, il s'ennuie. Cela peut engendrer les problèmes suivants :

Retourner la terre

Le quadrupède retourne la terre dans tout le jardin.

Fuguer

Il creuse un trou sous la clôture ou saute par-dessus et fugue.

Être agacé

Les passants agacent le chien par-dessus la clôture.

Menacer par ses aboiements

Il menace en aboyant les gens qui passent près du terrain. Cela use de l'énergie et rapporte un « gain » – les gens s'en vont.

SOS : QUE FAIRE ?

Désintérêt pour le maître

PROBLÈME : Votre chien ne s'intéresse pas à vous.
RECOMMANDATION : Demandez-vous si vous ne le gâtez pas trop. Réduisez les marques d'affection à la maison – privilégiez la qualité à la quantité – et offrez-lui des moments de fête avec vous dehors : jeu, détente ou quelques exercices.

Défendre son jouet

PROBLÈME : Votre chien gronde ou vous menace lorsque vous voulez lui enlever son jouet.
RECOMMANDATION : Offrez-lui une friandise en échange. Mais si vous êtes craintif, peu sûr de vous ou si le chien défend aussi sa nourriture, demandez l'aide d'un comportementaliste le plus tôt possible.

Distrait par ses congénères

PROBLÈME : Votre chien a envie de jouer avec chaque chien.
RECOMMANDATION : Évitez les promenades en groupe et réduisez les contacts avec les chiens. Entraînez-vous à passer exprès devant des chiens et offrez-lui pour cela une récompense spéciale. D'autre part, rendez-vous plus

Désobéissance

PROBLÈME : Votre chien n'obéit pas au rappel.
RECOMMANDATION : Revoyez l'exercice à la maison (p. 49). Puis mettez le chien à la diète un jour ou deux et emportez de la nourriture dehors. Il ne reçoit quelque chose à manger que lorsqu'il obéit au rappel. C'est la variante techniquement la plus simple. L'entraîner avec une longe de plusieurs mètres, que le chien doit toujours porter dehors jusqu'à ce qu'il vienne vers vous sans que vous interveniez, est plus compliqué. Avec la longe, il ne peut pas feindre de ne pas vous avoir entendu. Au début, tenez-la dans la main, puis elle reste lâche près du chien. Enfin, coupez-en 30 cm chaque semaine jusqu'à ce qu'il n'en reste plus qu'un petit bout attaché au collier.

L'exercice est fini trop tôt

PROBLÈME : Le chien se relève trop tôt de la position couchée.
RECOMMANDATION : Réfléchissez si vous félicitez toujours votre chien dès qu'il est couché. Le mieux est de ne le faire que lorsqu'il a gardé la position un certain temps. Vous arrive-t-il parfois d'oublier de lever l'ordre ? Cela peut être aussi une explication.

REMARQUES IMPORTANTES

> Les règles de ce guide s'appliquent à des jeunes animaux normalement développés, issus de bons élevages, donc à des animaux sains et à la personnalité équilibrée.

> Si vous adoptez un chien adulte, vous devez savoir que ce dernier a déjà été marqué par des expériences avec les humains. Observez bien le chien, ainsi que son attitude envers les humains.

> Si le chien provient d'un refuge, celui-ci peut vous fournir des renseignements sur ses origines et ses particularités.

ABC des races de chiens

Il existe de nombreuses races de chiens, qu'on regroupe en général en plusieurs catégories : les lévriers ; les chiens de berger ; les chiens de type Pinscher et Snautzer, chiens de montagne et bouvier suisse ; les terriers ; les teckels ; les Spitz ; les chiens courants ; les chiens d'eau ; les chiens de compagnie. Il serait impossible de toutes les énumérer ici. Ce livre traitant des chiens de famille, nous avons privilégié les races les plus adaptées à la vie domestique.

AFFENPINSCHER

SECTION Pinscher-Schnauzer. LONGÉVITÉ de 14 à 15 ans.

L'Affenpinscher (« griffon singe ») est un chien de petite taille de la famille des Pinschers, originaire d'Allemagne. Courageux, intelligent et protecteur envers sa famille, ce chien demande beaucoup d'attention et d'affection. Au XVe siècle, on le connaissait déjà : on peut d'ailleurs voir ces chiens dans des toiles de Jan Van Eyck. Aujourd'hui, il fait un excellent compagnon pour toute la famille, à la fois petit chien de garde et chien d'intérieur.

AIREDALE TERRIER

SECTION Terriers – grandes et moyennes tailles. LONGÉVITÉ de 10 à 13 ans.

L'Airedale Terrier, le plus grand des terriers, originaire du Nord de l'Angleterre, est l'une des races les plus polyvalentes qui soient. Robuste, habitué à s'adapter à toutes sortes de climats, L'Airedale tombe rarement malade. C'est un chien fidèle, qui a besoin d'un maître ferme. Chien de chasse, chien guide d'aveugle, chien « policier », excellent chien de compagnie.

BASSET ARTÉSIEN NORMAND

SECTION Chiens courants, chiens de recherche et de sang. LONGÉVITÉ 15 ans.

Le Basset artésien normand est un chien de chasse d'origine française au caractère affirmé. Intelligent, doux, affectueux, cet excellent chien de compagnie apportera de la joie à sa famille ! Calme à la maison, un peu têtu parfois, il ne faut pas oublier que ce chien débordant d'énergie a besoin de se dépenser. Chien de compagnie et chien de chasse.

BEAUCERON

SECTION Chiens de Berger. LONGÉVITÉ de 13 à 14 ans.

Le Beauceron (Berger de Beauce/Berger français/Bas-rouge) est un chien berger de grande taille, originaire de France. Le Beauceron est un chien très intelligent, loyal et courageux. Il a besoin d'une éducation ferme, car c'est un chien vif, avec un tempérament affirmé. Chien messager et secouriste pendant les deux Guerres mondiales, il est actuellement utilisé comme chien de détection, chien de garde, de défense et chien de compagnie.

BERGER ALLEMAND, BERGER ALSACIEN

SECTION Chiens de Berger. LONGÉVITÉ de 12 à 13 ans.

Le Berger Allemand (Berger Alsacien) est un chien de grande taille, originaire d'Allemagne. C'est un chien de travail, endurant, polyvalent. Guide d'aveugle, loyal et intelligent, il se montre méfiant vis-à-vis des étrangers, ce qui fait aussi de lui un très bon chien de garde.

BICHON FRISÉ

SECTION Chiens d'agrément ou de compagnie. LONGÉVITÉ 15 ans.

Proche cousin du Caniche, le Bichon Frisé était le favori de l'aristocratie française de la Renaissance au XIXe siècle (preuve de sa popularité, on le retrouve dans des peintures de Goya). Vif et intelligent, affectueux et sociable, il est très attaché à sa famille, mais il faut éviter qu'il devienne dominant par rapport à son maître. Chien de petite taille, le Bichon Frisé convient parfaitement à la vie en appartement à condition de le promener tous les jours. Chien de compagnie.

BOULEDOGUE FRANÇAIS

SECTION Chiens d'agrément ou de compagnie. LONGÉVITÉ de 12 à 13 ans.

Molosse de petite taille, le Bouledogue français est un excellent chien de compagnie. Courageux, intrépide et sûr de lui, il sait protéger sa famille. D'autres nombreuses qualités : il est équilibré, affectueux, sensible, intelligent et adorable avec les enfants. Chien de compagnie, de garde et d'agrément.

BUHUND NORVÉGIEN

SECTION Chiens nordiques de garde et de Berger, de type Spitz et primitif. LONGÉVITÉ de 14 à 15 ans.

Spitz de taille moyenne, le Buhund norvégien est un chien polyvalent. Il sera surtout un compagnon idéal pour une famille, puisqu'il est gentil et patient avec les enfants. De plus, son intelligence en fait un chien facile à éduquer. Bon chien de garde, de ferme et de chasse.

CAIRN TERRIER

SECTION Terriers – petites tailles. LONGÉVITÉ de 14 à 15 ans.

Originaire d'Écosse, le Cairn Terrier aidait les fermiers, dès le XVIe siècle, à attraper les renards et les blaireaux qui se cachaient dans les amas de pierres (cairn). Compagnon de bonne humeur, joueur, il a besoin de se démener (ballades, jeux d'extérieur). Très intelligent, il est en général facile à éduquer, mais on doit faire preuve de fermeté envers lui. Bon chien de compagnie et de chasse.

CANICHE MOYEN

SECTION Chiens d'agrément ou de compagnie. LONGÉVITÉ de 14 à 17 ans.

Le Caniche détient la palme du chien le plus intelligent après le Border Collie. C'est un chien polyvalent, réputé pour ses facultés d'apprentissage et de dressage. Chien de compagnie, chien de chasse.

CHIHUAHUA

SECTION Chiens d'agrément ou de compagnie. LONGÉVITÉ de 13 à 14 ans.

Considéré comme la race de chiens les plus petits au monde, le Chihuahua, originaire du Mexique, est aujourd'hui très médiatisé grâce à l'engouement qu'il suscite parmi les stars. Néanmoins, ce petit chien est une race très ancienne dont on les traces remontent à 3 000 ans. C'est un excellent compagnon qui adore se faire cajoler par son maître. Chien de famille et chien de compagnie.

COCKER ANGLAIS

SECTION Chiens leveurs de gibier ou chiens d'eau. LONGÉVITÉ de 12 à 15 ans.

Le Cocker anglais est un chien de chasse, originaire d'Angleterre, qui – comme d'autres chiens de

son groupe – excelle aussi dans les activités d'aide aux personnes. Son nom vient du mot anglais woodcock (« bécasse »), puisqu'à l'origine il chassait ce gibier-là. Facile à éduquer, ce chien n'aime pas la solitude. Le Cocker anglais s'entend bien avec les autres animaux de compagnie. Chien de compagnie, de chasse, chien d'exposition.

FOX TERRIER À POIL DUR

SECTION Terriers – moyennes tailles. LONGÉVITÉ de 13 à 15 ans.

Le Fox Terrier, originaire d'Angleterre, nous rappelle Milou, le compagnon enthousiaste et courageux de Tintin. Joyeux et joueur – en particulier avec les enfants – ce chien est aussi têtu et, parfois, dominant. Il est donc important que son maître arrive à s'imposer, car il n'hésite pas à le tester constamment. Le Fox Terrier aime explorer les environs : une enceinte clôturée s'avère très utile.

GOLDEN RETRIEVER

SECTION Chiens leveurs de gibier ou chiens d'eau. LONGÉVITÉ 12 ans.

Le Golden Retriever, originaire d'Écosse, est un chien très populaire et polyvalent, réputé parmi les chiens les plus obéissants et les plus doués. Ce chien de famille doux et affectueux a une excellente mémoire et aime faire plaisir à son maître, ce qui facilite son éducation. Le Golden Retriever est un chien actif, qui a besoin d'exercices quotidiens pour garder forme et équilibre. Il s'entend bien avec ses congénères. Chien d'aveugle et chien d'aide aux handicapés, chien douanier, de chasse, chien de compagnie.

GREYHOUND (LÉVRIER ANGLAIS)

SECTION Lévriers. LONGÉVITÉ de 12 à 13 ans.

Le Greyhound, dont la morphologie élancée témoigne de son aptitude pour la course (il peut atteindre une vitesse de 70 km en quelques secondes seulement), est également un affectueux compagnon. Son instinct de chasseur le pousse à courir après tout ce qui bouge !

LABRADOR

SECTION Chiens rapporteurs de gibier et chiens d'eau. LONGÉVITÉ de 13 à 14 ans.

Le Labrador, originaire d'Angleterre, est l'une des races les plus appréciées au monde. Le Labrador est doux, joueur. Son éducation ne pose généralement aucun problème. Néanmoins, il n'aime pas rester seul et il a besoin de se dépenser. Seul petit défaut, sa gourmandise, et donc une tendance à l'embonpoint. Excellent nageur. Chien de chasse, aide aux handicapés, secouriste, chien de garde et de compagnie.

TECKEL À POIL LONG

SECTION Teckels. LONGÉVITÉ de 12 à 14 ans. ***Le Teckel, ce chien au corps long et court sur pattes est d'origine allemande.*** Il existe un grand nombre de Teckels, de poils et de tailles différentes. Chien de compagnie, chien de chasse, petit chien de garde.

WHIPPET

SECTION Les Lévriers. LONGÉVITÉ de 13 à 14 ans.

Cousin du Greyhound, le Whippet est un chien de famille dont le naturel calme le rend parfait pour la vie en appartement. Il apprécie d'être détaché au cours des promenades, car il adore courir. Attention à l'éduquer au rappel dès son plus jeune âge. Chien de compagnie, chien de chasse (petit gibier), chien de course.

Carnet de santé de mon chien

DATE	OBSERVATIONS
....	....
....	....
....	....
....	....
....	....
....	....
....	....
....	....
....	....
....	....
....	....
....	....
....	....
....	....
....	....
....	....
....	....
....	....
....	....

DATE	OBSERVATIONS

DATE	OBSERVATIONS

DATE	OBSERVATIONS

DATE	OBSERVATIONS

DATE	OBSERVATIONS

Ressources utiles

Adresses

> **FÉDÉRATION CYNOLOGIQUE INTERNATIONALE (FCI),**
13, place Albert-Ier
B-6530 Thuin, Belgique
Site Internet : www.fci.be

> **SOCIÉTÉ CENTRALE CANINE (SCC)**
155, avenue Jean-Jaurès
93535 Aubervilliers CEDEX
Tél. : 01 49 37 54 00
Site Internet : www.scc.asso.fr

> **SOCIÉTÉ PROTECTRICE DES ANIMAUX (SPA)**
39, boulevard Berthier
75017 Paris
Tél. : 01 43 80 40 66
Site Internet : www.spa.asso.fr

> **DISPENSAIRE DE LA SPA**
5, avenue Stéphane-Mallarmé
75017 Paris
Tél. : 01 46 33 94 37

> **DISPENSAIRE DE LA FONDATION ASSISTANCE AUX ANIMAUX**
23, avenue de la République
75011 Paris
Tél. : 01 43 55 76 57

Sites Internet

> *www.assistanceauxanimaux.com*

> *www.ecoledeschiens.com*

> *www.caniscool.com*

Index

Les chiffres en gras renvoient aux illustrations.

L'auteur

Katharina Schlegl-Kofler – éducateur canin expérimenté et experte reconnue de l'élevage de chiens – s'intéresse depuis longtemps à leur comportement. L'école pour chiens qu'elle anime depuis plusieurs années offre une aide active aux propriétaires de chiens. Elle dirige avec succès ses propres chiens dans des épreuves de rapport.

La photographe

Christine Steimer s'est spécialisée dans la photo des animaux de compagnie. Elle travaille pour des maisons d'édition, des magazines spécialisés et agences de publicité internationaux. Toutes les photographies de cet ouvrage sont de Christine Steimer.
Couverture : Plainpicture/Sauber, Helge

Édition originale
Publiée en Allemagne sous le titre
Hundeerziehung
GRÄFE UND UNZER Verlag
Postfach 86 03 25
81630 München

GU

Pour l'éditeur, le principe est d'utiliser des papiers composés de fibres naturelles, renouvelables, recyclables et fabriquées à partir de bois issus de forêts qui adoptent un système d'aménagement durable. En outre, l'éditeur attend de ses fournisseurs de papier qu'ils s'inscrivent dans une démarche de certification environnementale reconnue.

L'éditeur remercie Marine Rivière pour son aide précieuse et ses relectures attentives.

Édition française

Direction : Catherine Saunier-Talec
Édition : Anne Le Meur
Traduction : Mireille Touret
Correction : Dorica Lucaci
Correction et réalisation intérieure :
Le Bureau Des Affaires Graphiques
Conception couverture :
Le Bureau Des Affaires Graphiques
Fabrication : Amélie Latsch et Francis Verdelet
Dépôt légal : août 2012
23-01-8175-01-4
ISBN : 978-2-01-238175-9
Produit complet : Leo Paper (RPC)